LA BIBLE ET LE CORAN

Lejb FELDMAN

LA BIBLE ET LE CORAN

LES JUIFS DANS LE CORAN ET L'ISSUE DU CONFLIT ENTRE L'ISLAM ET ISRAEL

> « *L'Islam a commencé expatrié (à Médine) et il finira expatrié (à Jérusalem). Et bienheureux seront les membres de la communauté de Mahomet qui s'expatrieront.* »
>
> (MAHOMET, dans le « Hadith Al-Ghorba » ou « Dire de l'Exil ».
>
> Citation du livre « L'Islam » par V. Monteil, page 44. Ed. Bloud et Gay.

ÉDITÉ PAR L'AUTEUR
72, Rue Archereau - Bt. I
75019 PARIS

Le présent ouvrage contient plus de ceux cents citations du Coran, analysées à la lumière des textes bibliques cités en parallèle.

© L. Feldman, première édition 1972
deuxième édition remaniée et amplifiée 1982

ISBN 2-903970-00-9

Tous droits de traduction, de reproduction et d'adaptation réservés pour tous pays à l'Auteur : L.F., 72, rue Archereau, 75019 PARIS.

Préface

Dans le monde non musulman, peu de personnes connaissent le saint livre des Arabes, le Coran.

Par son contenu, Mahomet, son auteur, a entraîné après lui la sixième partie de l'humanité, avec, pour résultat, la présente situation au Moyen-Orient.

M. Feldman a beaucoup étudié son sujet, le Coran, à la lumière de la Bible. Ce qui surprend, c'est sa position singulière vis-à-vis des Arabes, exempte de préjugés magré son origine juive, et sans la moindre trace de haine, mais tout impégnée de vérité biblique, vérité qui résonne comme une bonne nouvelle dans la situation actuelle. Il est avant tout un écouteur de ce que dit la Bible, d'une part, et le Coran d'autre part, sur ce qui concerne ce problème. Après avoir écouté, il juge de qui a raison et qui a tort.

Je connais M. Feldman depuis longtemps et me réjouis de l'amitié profonde qui nous lie, amitié née au Maroc lorsque nous partagions, comme missionnaires dans ce pays, le joug du Seigneur Jésus-Christ.

Son livre est le fruit d'une longue expérience. J'en ai été très intéressé. Je le recommande au public de langue française, étant persuadé qu'il contribuera à l'éclaircissement de ce problème douloureux, à l'affermissement de la foi en la Parole permanente de Dieu, et, enfin, à l'intercession en faveur des Arabes et des Juifs, afin que le Dieu d'Abraham, d'Isaac et de Jacob accomplisse ses *pensées de bienveillance à l'égard de ces deux fils d'Abraham qui, tous deux, ont reçu des promesses divines dont nous verrons bientôt la réalisation.*

Dr. Christian WEISS.
« Back to the Bible Broadcast ».

INTRODUCTION A LA DEUXIEME EDITION

La première édition étant épuisée, des libraires et des particuliers m'ont encouragé à en faire une deuxième.

L'intérêt en ce livre est dû en partie à la prolongation du conflit israélo-arabe.

L'Europe christianisée devient de plus en plus consciente de l'Islam, dont le potentiel s'est accru considérablement ces derniers temps, non en tant que religion, mais par son extraordinaire expansion matérielle.

Cependant, l'Islam étant avant tout un phénomène religieux, il y a un urgent besoin de le connaître à sa source, c'est-à-dire son livre, le Coran, mais à la lumière de la Bible, puisqu'il est, selon son propre aveu, greffé sur elle. Et cela nous oblige à explorer à fond l'un et l'autre.

Puisse cet humble ouvrage continuer à élucider ce problème.

L.F.

Introduction

Quand je me suis décidé à écrire ce livre, j'ai d'abord pensé me procurer un ouvrage dans lequel seraient classés les différents thèmes du Coran et choisir ceux en relation directe avec le but de cette étude, « LES JUIFS DANS LE CORAN », afin d'y découvrir la cause de la position actuelle des peuples islamiques vis-à-vis d'Israël.

Mais après réflexion, j'ai trouvé qu'il serait plus utile de lire le Coran en entier, et de faire moi-même ce classement, fût-il plus difficile et plus long. Ainsi, j'en obtiendrais une connaissance approfondie.

Voici d'ailleurs l'aveu d'un des traducteurs du Coran en français : « Peu de lecteurs auront jamais l'occasion de lire le texte entier du Coran, encore moins de le lire plusieurs fois et attentivement ». (Traduction du Coran par M. Hamidullah, Introduction, page XIII).

J'ai donc entrepris cette lecture minutieuse et analytique, m'efforçant de rester objectif et honnête. En la poursuivant j'ai réuni tous les passages sur un même sujet, d'abord sur celui des Juifs qui nous intéresse particulièrement, puis sur d'autres qui seront traités plus tard. Ainsi la pensée de l'auteur du Coran, quant aux différents thèmes, ressortira nettement.

Ce travail de compilation, parfois pénible à cause du style particulier du Coran — manque de séquence, sujets souvent sans liaison — n'a cependant pas manqué de m'entraîner passionnément dans l'étude de ce livre. Certains textes en sont d'une beauté sublime et se lisent comme la Bible. Il est intéressant aussi de retrouver l'origine de certains « oracles » qui proviennent non seulement de la Bible, mais aussi du Talmud, des traditions catholiques ou même païennes.

Ma connaissance de la langue se limite à l'arabe dialectal d'Afrique du Nord. Mon étude du classique a été très sommaire et, n'étant pas en mesure de la reprendre, j'ai dû me contenter de traductions. Je me suis servi de trois versions françaises : celles de M. Edouard Montet (Petite Bibliothèque Payot, 1963), de M. M. Savary (Classiques Garnier, 1883), et de M. Muhammad Hamidullah (Ed. Hadj Mohamed Nourreedine Ben Mahmoud, 1963), ainsi que de celles en anglais de M. George Sale (Ed. Frederick Warne et Cie.) et de Maulànà Muhammad Ali (Lahore, Pakistan 1951).

Mais pour ce qui est du nom de Dieu, j'ai tenu à le lire dans la version arabe du Coran où n'en sont données que deux formes : « Allah » et « Rabb ». Ces noms sont presque toujours accompagnés d'un ou plusieurs attributs. (Exemple : chapitre 1, verset 1, « Au nom d'Allah le très Miséricordieux, le Compatissant ».)

Dans la Bible, le nom de Dieu est « Yahweh », (l'Eternel), « Elohim », « Eloha », « El » et « Adon » (le Seigneur).

Ceci est significatif : si Mahomet était vraiment prophète, pourquoi l'Esprit de Dieu ne lui aurait-il pas révélé ses différents noms, comme il l'a fait à Moïse, à Jésus et à tous les prophètes de la Bible ? Et cela d'autant plus que Mahomet se proclame non seulement prophète, mais le plus grand de tous les prophètes.

Par conséquent, il est étonnant qu'il n'ait connu de Dieu que ce nom de « Allah ».

Quant à « Rabb », qui signifie « Maître », il est aussi attribué aux hommes. En effet, il est d'usage, chez les Juifs, de donner le titre de « Rabbi », (ou « Rabbouni » ou « Rav »), à des docteurs de la Loi.

Les citations du Coran sont faites d'après les traducteurs susnommés, ainsi que, pour certains mots, d'après le texte original arabe.

Ces citations seront comparées, lorsque l'occasion s'en présentera, avec les textes de la Bible, afin que le lecteur puisse se rendre compte de leur provenance et en même temps de leur déformation.

L'ordre suivi sera celui même du Coran.

C'est par souci d'objectivité que nous donnons tous ces textes, dont la lecture peut sembler fastidieuse. Mais nous aurons à y revenir par la suite, et c'est à ces textes précis que nous pourrons alors nous référer.

Comme il a été dit plus haut, le but principal de ce livre est le problème israélo-arabe. Il consiste en la recherche, dans le Coran, des racines de l'opposition des Arabes envers le peuple élu.

Cette étude devrait intéresser, en premier lieu, les chrétiens qui, en découvrant la forteresse spirituelle que représente l'Islam, seraient amenés à intercéder pour ses adhérents. (2 Corinthiens 10-4.)

En second lieu, les Juifs, en la lisant, sauront mieux comprendre leurs frères arabes, après prise de connaissance du Coran que les musulmans considèrent comme « la Parole de Dieu ». Peut-être comprendront-ils enfin que seul un retour véritable à l'Eternel et à la Bible pourrait changer une situation aussi difficile.

Enfin, le lecteur arabe sera peut-être incité lui aussi à faire la comparaison entre son livre, le Coran, et la Bible. Le résultat ne peut être qu'heureux et c'est le souhait le plus ardent de l'auteur.

CHAPITRE 1

Les Juifs et Mahomet

Parmi les nombreux sujets abordés par le Coran, celui des Juifs occupe une des places les plus importantes. D'un bout à l'autre, ce peuple y est cité. Il est évident que Mahomet désirait le voir l'accepter comme « le » prophète de Dieu, peut-être même comme le Messie qui lui était promis, le messager divin chargé de ramener à l'Eternel, seul vrai Dieu, tous les hommes de la terre.

Au début, les Juifs lui témoignèrent de l'intérêt à cause de sa foi en Dieu, de son aversion pour l'idolâtrie et de son respect pour les Saintes Ecritures. La rupture eut lieu lorsque Mahomet se déclara « le » prophète de Dieu. Le chapitre 98 du Coran éclaire ce tournant dans les relations entre Mahomet et les Juifs. Nous y lisons ceci, dans la traduction d'E. Montet : « Ceux qui ne croient pas, du peuple du Livre (Les Juifs et les Chrétiens), et les idolâtres, ne se sont séparés (de Mahomet) que lorsque leur apparut le Signe Evident (l'arrivée de Mahomet en tant qu'envoyé de Dieu), à savoir un apôtre d'Allah récitant des pages pures où se trouve le Livre Droit (le Coran). Ceux auxquels a été donné le Livre (la Bible) ne se sont séparés qu'après que le Signe Evident fut venu des cieux ! (Et pourtant) on ne leur commandait que d'adorer Allah, en étant sincères envers lui dans la religion en tant que Hanifs (Musulmans orthodoxes) et d'être assidus à la prière et de donner des aumônes, car c'est là la vraie religion. En vérité, ceux qui ne croient pas, du peuple du Livre (les Juifs et les Chrétiens), et les idolâtres seront dans le feu de l'enfer. Ils y demeureront éternellement. Ce sont les plus mauvais des êtres créés ».

Nous remarquons ici que c'est au moment où Mahomet se proclama l'apôtre de Dieu venu avec le Livre Droit, (le Coran), que les Juifs lui tournèrent le dos. Mahomet leur proposait une religion en trois commandements principaux, mais qu'ils pratiquaient depuis toujours :

1) *Adorer l'Eternel avec une foi sincère.* Moïse leur avait donné cela depuis longtemps : « Ecoute Israël ! L'Eternel notre Dieu est le seul Eternel. Tu aimeras l'Eternel ton Dieu de tout ton cœur, de toute ton âme et de toute ta force... Tu craindras l'Eternel ton Dieu. Tu le serviras... » Deut. 6, 4-5 et 13.

2) *Prier.* Israël a été trempé dans la prière et l'adoration. Au Psaume 22 il est dit : « Tu es saint. Tu sièges au milieu des louanges d'Israël ». Les Patriarches, les sacrificateurs et les saints d'Israël étaient tous des hommes de prière. Les Psaumes sont un recueil de prières. Le prophète Daniel priait trois fois par jour, son visage tourné vers Jérusalem. Le Temple a été consacré pour être une maison de prière pour tous les peuples. (Esaïe 56-7.)

Quelle innovation a donc apporté Mahomet avec son commandement d'observer la prière ?

3) *Donner des aumônes.* La loi ordonnait à Israël de donner la dîme de leurs revenus et d'être généreux de leurs biens : « Il y aura toujours des indigents dans le pays. C'est pourquoi je te donne ce commandement : tu ouvriras ta main à ton frère, au pauvre et à l'indigent dans ton pays ». Deut. 15-11. Puis, cette promesse est ajoutée : « Donne-lui et que ton cœur ne lui donne pas à regret, car à cause de cela l'Eternel ton Dieu te bénira dans tous tes travaux et dans toutes tes entreprises ». Deut. 15-10.

Quant au « Livre Droit », Israël possédait la Thora (ou Pentateuque), les livres des prophètes et les Psaumes, et enfin le Nouveau Testament. Il y puisait un tel trésor de sagesse et de lumière qu'il nous est aisé d'imaginer sa réaction quand Mahomet voulut lui donner, en remplacement de ses Ecritures, le Coran où les citations de la Bible n'étaient que fragmentaires et souvent déformées par des fables talmudiques, source des informations que Mahomet recevait des rabbins de son temps.

Remarquons, au verset 5 du chapitre 98 du Coran, la colère ardente de Mahomet : « En vérité, ceux qui ne croient pas, du peuple du Livre, et les idolâtres seront dans le feu de l'enfer. Ils y demeureront éternellement. Ce sont les plus mauvais des êtres créés ».

CHAPITRE 2

Vains efforts de Mahomet pour gagner les Juifs

Dans les citations des passages du Coran relatifs à Israël, nous remarquerons que Mahomet, tour à tour, maudit ou flatte les Juifs. Il les déclare « les plus mauvais des êtres créés », ou il les désigne avec ce titre honorable de « peuple du Livre », c'est-à-dire le peuple du Pentateuque ou de la Bible entière, concédant par cela même qu'elle est la Parole de Dieu. Mais alors, pourquoi un autre « Livre » ? Pourquoi un autre « prophète », qui de plus ne fait pas partie du « peuple du Livre » ?

Ce sont ces questions que se posèrent les Juifs et qui n'eurent d'autre résultat que de provoquer la colère de Mahomet. Car, n'était-il pas un fils d'Abraham par son ancêtre Ismaël ? Oser lui dire qu'il n'était pas prophète parce qu'il n'était pas juif ! Que sont les Juifs ? Ne sont-ils pas ce « peuple perfide » que Dieu a rejeté en laissant détruire leur Temple et en les dispersant parmi toutes les nations et ne voulant plus d'eux ? Et n'est-ce pas à cause de cela même que Dieu a suscité un autre prophète et une autre religion, l'Islam, à qui il a voulu accorder les privilèges destinés autrefois à Israël ? Car d'après la doctrine de l'Islam, il n'existe pas une pérennité dans l'appel de Dieu. Israël ne fut élu que pour un certain temps, comme le furent, selon l'Islam, d'autres peuples et d'autres prophètes. A partir de la venue de Mahomet ce sont lui et les Arabes qui sont devenus les élus.

Hélas ! Certains docteurs, dans l'Eglise, ont commis une erreur similaire en enseignant que c'est elle qui a remplacé le peuple juif. « L'Israël de Dieu », l'Eglise, croit remplacer l'Israël véritable et pouvoir s'approprier les promesses faites à ce peuple. Mais le retour actuel des Juifs dans leur pays, n'est-il pas une preuve certaine que ces promesses leur ont été données à eux, et qu'elles s'accompliront ?

« Car Dieu ne se repent pas de ses dons et de son appel. De même que vous (païens) avez autrefois désobéi à Dieu et que, par la désobéissance des Juifs, vous avez maintenant obtenu miséricorde, de même ils ont maintenant désobéi, afin que par la miséricorde qui vous a été faite, ils obtiennent aussi miséricorde. » (Romains 11, 29 à 31.)

Dans ce domaine Mahomet est entièrement en dehors du plan de Dieu. Dans la Bible, le péché d'Israël est écrit en lettres de feu, mais aussi la grâce qui pardonne : « La colère de Dieu s'enflamma contre son peuple. Il prit en horreur son héritage », mais... « Lorsqu'Il entendit leurs supplications, Il se souvint en leur faveur de son alliance. Il eut pitié selon sa grande bonté... Sauve-nous, Eternel notre Dieu, et rassemble-nous du milieu des nations... Béni soit l'Eternel, le Dieu d'Israël, d'éternité en éternité, et que tout le peuple dise : Amen, louez l'Eternel ! » Psaume 106, 40-44-47 et 48.

J'ai lu le Coran d'un bout à l'autre. Hélas ! C'est en vain que j'y ai cherché une seule allusion aux nombreuses promesses de l'Eternel à son peuple quant à son salut. Alors, j'ai relu le Psaume 117 avec une grande joie : « Louez l'Eternel, vous toutes les nations ; célébrez-le, vous tous les peuples ! Car sa bonté pour nous est grande et SA FIDELITE DURE A TOUJOURS. Louez l'Eternel ». Oui, l'alliance entre l'Eternel et Israël, ainsi que la grâce qui pardonne, sont éternelles.

Ce manque d'allusion aux promesses divines en ce qui concerne le peuple élu suffirait à lui seul à prouver que le Coran contredit la Bible. Mahomet l'a-t-il fait sciemment, en cédant à un mouvement d'humeur à l'égard de ce peuple obstiné ? Désirait-il voir Juifs et Arabes ne former qu'un seul peuple avec une seule religion, la sienne, et grâce à lui ? C'est bien ce qui ressort de ce texte du Coran : « Certainement, les musulmans, les juifs, les chrétiens et les sabéens, qui croient en Dieu et au jour dernier, et qui feront le bien, en recevront la récompense de ses mains. Ils seront exempts de la crainte et des supplices ». (Trad. M. Savary, ch. 2, v. 59.)

Hélas ! ! Un gouffre infranchissable sépare le Coran de la Bible. Dans ce dernier livre, Dieu révèle son plan de salut, par le moyen du peuple juif de qui est sorti le Messie, Jésus, auteur de ce salut. Dans le Coran, ce plan est absent. Mahomet s'efforce même de l'effacer totalement.

N'ayant pas réussi à convaincre les Juifs et les Chrétiens de son apostolat, Mahomet céda de plus en plus à la colère et à la haine envers eux, surtout envers les Juifs, faible minorité en Arabie, qu'il dompta par la force.

CHAPITRE 3

Israël privé du droit d'existence !..

Les Juifs, au temps de Mahomet, dispersés aux quatre coins de la terre, offraient l'image d'un peuple maudit et haï de Dieu. Ils n'existaient que grâce à la tolérance des rois et seigneurs des pays où ils se trouvaient.

Cependant, comme par un paradoxe, ils étaient à l'avant-garde dans tous les domaines : scientifique, financier, etc... Dans les gouvernements de ces pays ils occupaient des places importantes, comme cela est d'ailleurs le cas encore à présent.

Mahomet voulait cette poignée d'êtres pour son Islam. Il croyait cela facile vu leur condition d'étrangers à la merci de ces royaumes. Mais il fut déçu. Alors que son succès allait croissant, même parmi les chrétiens, (de nom seulement, bien entendu), les Juifs, à part quelques individus, refusèrent obstinément de croire en son apostolat divin. Sa déception fut amère. Bien plus, il vit en eux un grand danger pour lui : ils possédaient le moyen de le démolir, et ce moyen était « Le Livre ». C'est alors qu'il prit le rôle d'un « Balaam ». (Nombres ch. 22 à 24.) « Il maudit ce peuple. » Cependant Balaam fut contraint par l'Esprit de Dieu de les bénir, et cela parce qu'il était vraiment prophète. Mais dans le cas de Mahomet, l'Esprit de Dieu n'intervint pas dans ses oracles.

Et ses malédictions ne portaient pas le sceau divin. Elles ne changeront rien aux voies de Dieu en ce qui concerne son peuple.

Toutefois, la haine contre les Juifs que Mahomet implanta dans le cœur des Musulmans par ses oracles créera en ceux-ci une attitude négative vis-à-vis d'Israël. Les Juifs sont pour eux comme s'ils n'existaient déjà plus. Leur présence au milieu d'eux n'est qu'une grâce accordée par le prophète, que celui-ci recommande d'ailleurs aux Musulmans.

C'est ici peut-être que réside la raison pour laquelle ils n'ont pas pu accorder jusqu'à présent le droit d'existence à l'Etat d'Israël. Ils donneraient bien le droit d'asile aux Juifs, même la citoyenneté, mais non le pays d'Israël comme Etat indépendant. Quand enfin ils le leur accorderont, et cela, sans aucun doute, arrivera très prochainement, nous pourrons dire que la puissance de l'Islam s'est brisée.

Les Juifs, dans le Coran, font partie d'une liste de gens réprouvés, avec les chrétiens, les athées, les idolâtres, les polythéistes et toutes les autres sectes qui foisonnaient au temps de Mahomet.

C'est le Coran, et par ce qu'il dit des Juifs, qui est la seule cause de la présente attitude fanatisée des états arabes, au Proche-Orient, envers Israël.

* * *

Trois mouvements d'une portée mondiale ont avancé parallèlement au cours des siècles :

1) *Israël* dans sa dispersion parmi les nations.

2) *L'Evangile* : la prédication à toutes les nations de la Bonne Nouvelle du salut en Jésus crucifié et ressuscité, prédication faite par l'assemblée des vrais croyants en Lui, et à qui Il a donné cette mission avant son ascension. Elle continue en s'amplifiant, au fur et à mesure que son retour approche.

3) *L'Islam* : parti de l'Arabie vers l'an 600, il amena beaucoup d'hommes à la foi au prophète. Mahomet affirme que la conversion du monde doit l'être à Allah et à son prophète Mahomet.

Voilà donc les trois mouvements des deux derniers millénaires : Israël dans sa dispersion, l'Eglise dans sa prédication de l'Evangile, et l'Islam dans sa conquête politico-religieuse. Voyons ce que la Bible dit à leur sujet :

Concernant Israël : Elle annonce pour la fin des temps, le rassemblement de ses exilés dans leur pays. Ceci doit s'opérer avant le retour, (ou selon les Juifs, la venue), du Messie. Ce rassemblement a commencé et avance d'une manière étonnante.

Concernant l'Eglise : La Bible dit qu'après avoir annoncé à toutes les nations la « Bonne Nouvelle » du Sauveur, celui-ci reviendra du ciel avec puissance et gloire, pour établir son règne de mille ans depuis le Mont Sion à Jérusalem.

Concernant l'Islam : Qu'en sera-t-il de ce troisième mouvement, l'Islam ? Que nous dit la Bible à son propos ? Elle nous fait entendre qu'il sera affaibli, vaincu et cela avant le retour du Messie Jésus, afin que beaucoup de musulmans, dans leur détresse, se tournent vers Lui, et que, par leur conversion, ils aient le droit d'entrer, eux aussi, dans le Royaume que le Fils de Dieu établira sur la terre. C'est pourquoi l'Islam, qui a derrière lui les puissances spirituelles qui opposèrent naguère Ismaël à Isaac, Mahomet à Jésus et le Coran à la Bible, s'oppose à présent au retour des Juifs dans le pays où le Roi Messie doit poser prochainement ses pieds, à son apparition du ciel. En s'opposant ainsi, il se heurte au dessein éternel de Dieu et court à sa propre perte.

Dans une prophétie sublime concernant le règne futur du Messie, il est précisé que ce règne sera précédé d'une opposition tumultueuse des nations qui se concerteront, se ligueront pour mieux lui résister. Voici cette prophétie :

1. Pourquoi ce tumulte parmi les nations, ces vaines pensées parmi les peuples ?
2. Pourquoi les rois de la terre se soulèvent-ils et les princes se liguent-ils avec eux contre l'Eternel et contre son Oint ?
3. Brisons leurs liens, délivrons-nous de leurs chaînes !
4. Celui qui siège dans les cieux rit, le Seigneur se moque d'eux.
5. Puis il leur parle dans sa colère, Il les épouvante dans sa fureur :
6. C'est moi qui ai oint mon roi sur Sion, ma montagne sainte !
7. Je publierai le décret ; l'Eternel m'a dit : Tu es mon Fils ! Je t'ai engendré aujourd'hui.
8. Demande-moi et je te donnerai les nations pour héritage, les extrémités de la terre pour possession ;

9. Tu les briseras avec une verge de fer, tu les briseras comme le vase d'un potier.

10. Et maintenant, rois, conduisez-vous avec sagesse ! Juges de la terre, recevez instruction !

11. Servez l'Eternel avec crainte, et réjouissez-vous avec tremblement.

12. Baisez le Fils, de peur qu'il ne s'irrite, et que vous ne périssiez dans votre voie, car sa colère est prompte à s'enflammer. Heureux tous ceux qui se confient en lui !

Psaume 2.

Nous remarquons les trois divisions de ce Psaume et les voix qui s'y font entendre : la première, la voix rauque des hommes ; dans la deuxième, celle de Dieu et de son Fils ; dans la troisième, celle du Saint-Esprit. En le lisant, on a l'impression d'être transporté au Proche-Orient. Il semble que ce Psaume est une prophétie pour l'époque actuelle.

L'Islam, qui croit en l'Eternel et en son Messie, veut ignorer l'alliance éternelle entre Dieu et Israël. Mais en s'opposant à ce dernier il s'oppose à Dieu. Cette situation est due à l'enseignement du Coran qui refuse à Israël sa restauration, et à Jésus sa Déité et son règne universel.

En se heurtant ainsi à Israël, l'Islam est en train de perdre sa puissance et son prestige dans tous les domaines.

C'est ainsi que nous apparaît le conflit actuel israélo-arabe. C'est le moyen divin pour bénir les Arabes, longtemps soumis à Mahomet, car cette situation poussera beaucoup d'entre eux vers la Bible, et par conséquent vers le Sauveur qu'elle annonce, Jésus, Messie et Fils de Dieu.

Après tant de siècles, l'heure de l'Islam vient de sonner. L'ère de la grâce envers ces peuples va commencer. Hâtons, par nos prières et par notre témoignage aux Arabes, la venue de ce temps. Faisons un grand effort parmi eux, en mettant, avant tout, la Bible entre leurs mains. Faisons-leur connaître ce qui est écrit dans ce Livre de vérité, en leur montrant les différences entre le Coran et la Bible, et cela avec beaucoup d'amour et de compréhension.

C'est sans doute en vue de ce dessein divin que tous les Etats arabes ont accédé à l'indépendance dans notre 20° siècle. L'analphabétisme disparaît assez rapidement chez eux, ce qui leur permet de lire eux-mêmes la Parole de Dieu et d'y découvrir la vérité. La connaissance de Jésus est comparable à l'entrée du soleil dans une maison longtemps fermée et enténébrée, dans laquelle, tout à coup, la lumière entrerait à flots !

« Cette lumière, (Jésus), était la véritable lumière qui en venant dans le monde, éclaire tout homme. A tous ceux qui l'ont reçu, à ceux qui croient en son nom, il a donné le pouvoir de devenir enfants de Dieu. » (Jean 1, 9 et 12.)

Veuille le Dieu de miséricorde hâter ce temps de sa grâce et du salut pour les peuples arabes !

CHAPITRE 4

" Voici un peuple ! "

« Il habite vis-à-vis de moi... Il est plus puissant que moi... »
(Nombres 22, 5 et 6).

Avec le retour de l'exil du peuple élu, et la fondation de l'Etat d'Israël, l'Islam s'est réveillé. Il envahit la scène politique mondiale, entraînant les puissances de l'occident et le monde communiste athée dans son opposition contre le nouvel Etat.

Cette opposition ne résulte point de menaces d'expulsion des Arabes de leurs pays, comme ce fut le cas autrefois quand, à sa sortie d'Egypte, Israël conquit le pays de Canaan. Les Arabes n'ont nullement été victimes du retour actuel du peuple juif. Les seuls qui auraient peut-être le droit de se plaindre sont ceux qui habitaient la Palestine. Mais le petit nombre de personnes qui y vivaient avant Mai 1948 étaient d'origines diverses. Ils ont toujours été sous occupation, la dernière étant celle de l'Angleterre. Le pays était sous-développé et en grande partie déboisé et désert, offrant l'image de la désolation et reflétant, en quelques sorte, géographiquement, le peuple juif dans son exil.

Les Palestiniens auraient eu tout intérêt à recevoir les immigrants juifs pour travailler ensemble et reconstruire le pays, jusque-là désertique. Mais ce ne fut pas le cas. Une opposition farouche et fanatique contrecarra ces exilés, qui pourtant retournaient là, conformément aux Paroles des prophètes de Dieu, prophètes en qui les musulmans croient sincèrement.

* * *

La vraie cause du problème israélo-arabe est ailleurs que dans la politique. C'est avant tout un conflit spirituel.

En remontant l'histoire des peuples dont Abraham est l'ancêtre, c'est-à-dire le peuple juif et les peuples arabes, nous retournons, qu'on le veuille ou non, à la Bible. C'est là que nous trouvons, à la fois, l'origine de ce conflit et sa solution. Dieu en soit loué !

Le conflit a pris naissance entre Ismaël et Isaac. Agar, mère d'Ismaël, égyptienne et esclave de Sara, l'enfanta à Abraham sur le conseil de celle-ci, qui voulait en faire son fils adoptif. Mais son impatience à attendre la volonté de Dieu selon laquelle elle-même devait enfanter, en dépit de son âge avancé, a eu son châtiment. Lorsque l'esclave devint mère par ses rapports avec Abraham, elle conçut du mépris pour sa maîtresse.

Plus tard, lorsque Sara enfanta Isaac, la différence entre les deux enfants fut très marquée. Isaac manifestait les traits de caractère et d'esprit de son père tandis qu'Ismaël respirait la vie libre du désert.

Puis la Parole de Dieu confirma à Abraham que c'était d'Isaac et non d'Ismaël que serait nommée sa postérité. Et il fut contraint de renvoyer Agar et son fils.

C'est à ce moment que les deux descendants d'Abraham, Ismaël et Isaac partirent sur deux voies séparées, formant plus tard des peuples différents. L'un, Ismaël, fut amené par sa mère Agar, au désert d'Arabie. L'autre, Isaac, demeura au pays de Canaan qui avait été promis à Abraham et à sa postérité.

C'est à la venue de Mahomet, descendant d'Ismaël, au 6ᵉ siècle de l'ère chrétienne, que le contraste entre ces deux fils d'Abraham s'est précisé, avec, d'une part, la Bible, qui est la base de la foi des Juifs et des chrétiens, et, d'autre part, le Coran, et l'Islam qui proclame Mahomet le dernier messager divin pour les hommes.

La différence entre la Bible et le Coran est énorme. Selon la Bible, la promesse faite par Dieu à Abraham, « Toutes les nations seront bénies en ta postérité », (Genèse 22-18), eut son accomplissement en Jésus de Nazareth. « Nous avons trouvé le Messie, de qui Moïse a écrit dans la Thora et dont les prophètes ont parlé » déclarèrent les disciples à leur rencontre avec Jésus de Nazareth. A partir de cette poignée d'hommes, la foi et la connaissance de Jésus s'est répandue jusqu'aux confins extrêmes de la terre, confirmant ainsi la prophétie.

Le Coran, par contre, renverse tout cela pour mettre Mahomet à la place du Sauveur du monde, en écartant à la fois Israël et toutes les promesses de Dieu faites à ce peuple, et, au travers d'eux, au monde entier.

L'Islam fut dès son début un adversaire redoutable et des Juifs et des chrétiens, et cela jusqu'à ce jour, bien que cette adversité se soit amenuisée avec le temps. Mais avec la rentrée d'Israël au sein du fief même de l'Islam, le vieux contraste entre Ismaël et Isaac est redevenu évident et actuel.

CHAPITRE 5

Le mystérieux Islam

La doctrine de l'Islam, pourtant vieille de près de 15 siècles, est peu connue de la majorité des Chrétiens, comme aussi du peuple juif. Mais à cause du rôle que l'Islam joue actuellement sur la scène politique mondiale, il est urgent de la faire connaître, et en particulier la divergence entre elle et la doctrine biblique concernant, d'une part le peuple juif, d'autre part l'espérance du retour du ciel du Messie Jésus, retour qui est lié au rassemblement des exilés d'Israël dans leur pays, selon les prophéties bibliques.

L'Islam s'oppose à cela et ne l'accepte pas. Il va même jusqu'à s'allier avec le communisme athée pour qui l'élément religieux n'a aucune valeur.

Notre point de vue est que bien que d'apparence politique, le problème israélo-arabe est essentiellement biblique. Par contre, les belligérants, Juifs et Arabes, n'adoptent pas ce point de vue et les nations qui se veulent médiatrices encore moins. Généralement, l'état moral et spirituel des Juifs et des Chrétiens, (sous-entendu, des Chrétiens de nom), n'est guère influencé par la Bible, mais seulement, chez les puissances occidentales, par l'intérêt, et chez les Juifs, par l'amour de la terre ancestrale, à part une très faible minorité qui revendique ce pays à cause des promesses divines.

Nous, en tant que croyants, nous voyons tout cela à la lumière de la Parole infaillible de la Bible. Nous savons pertinemment quelle sera l'issue du conflit, qui triomphera et qui sera battu, battu mais aussi béni, car selon la Bible, l'Islam sera brisé et vaincu dans ce conflit, pour permettre à un certain nombre de ses adhérents de se tourner vers la Bible.

Un réveil spirituel commence à s'opérer chez les musulmans, bien qu'encore discret. Je citerai quelques extraits d'un article paru dans « Notre Parole », journal parisien de langue Yiddish, daté du 4.9.69 : « Plus de 1.000 livres au sujet d'Israël ont été écrits dernièrement dans les pays arabes. Le Dr. Josafat Harkabi, expert dans les langues orientales, et général dans l'armée israélienne, a déclaré récemment que depuis la guerre des Six Jours, ces nombreux livres ont été publiés en langue arabe, avec, pour thème principal Israël et le Judaïsme. Selon lui, cet intérêt est dû surtout à la stupeur causée chez eux par la perte des trois guerres avec Israël depuis 1948. Les intellectuels arabes s'interrogent sur la vraie cause de ces défaites. Pour le moment, l'attitude psychologique des Arabes vis-à-vis des Juifs reste encore ce qu'elle a toujours été, c'est-à-dire, négative : les Juifs n'ont pas droit d'existence en tant qu'Etat. Ils (ces intellectuels arabes), ne se rendent pas compte que la Palestine n'a jamais été un Etat indépendant. L'idée que les Juifs sont le peuple élu de Dieu suscite en eux une réaction malveillante. L'histoire biblique n'y est citée, au contraire, que pour prouver la méchanceté et la corruption de ce peuple ».

L'optique ancienne du Coran, qui voulait abaisser les Juifs au niveau d'êtres réprouvés, persiste et ne tient pas compte de la réalité.

L'article continue : « Ces conceptions enracinées depuis de longs siècles, sont maintenant bouleversées par les événements. Voilà la cause du désarroi actuel de ces intellectuels arabes qui cherchent à concilier ces idées anciennes sur les Juifs avec la réalité brutale de leur existence et de leur puissance, malgré leur grande infériorité numérique et le peu d'années écoulées depuis la proclamation de l'Etat d'Israël ».

L'édifice islamique vacille. Ce ne sont pas les Russes athées, ni Mao-Tsé-Tung, ni les puissances de l'Occident qui pourront les aider à élucider ce problème.

Mais qui donc pourra venir en aide aux Arabes dans leur désarroi ? Nous les croyants. Nous pouvons le faire par la Parole de Vérité qui se trouve dans la Bible.

Le prophète Jérémie, parlant de l'Egypte qui représente le monde arabe, dit : « La fille de l'Egypte est confuse... L'Eternel des armées, le Dieu d'Israël, dit : voici, je vais châtier... l'Egypte, ses dieux et ses rois. Je les livrerai entre les mains de ceux qui en veulent à leur vie... Et après cela l'Egypte sera habitée comme aux jours d'autrefois, dit l'Eternel ». Jérémie 46, 24 à 26.

Esaïe prophétise également : « Ainsi, l'Eternel frappera les Egyptiens. Il les frappera, mais Il les guérira, et ils se convertiront à l'Eternel, qui les exaucera et les guérira ». Esaïe 19-22.

Cette prophétie, bien que se rapportant à un futur lointain, aura cependant un premier accomplissement dans le proche avenir, comme nous l'avons dit maintes fois, et qui consiste en la découverte par les Arabes, de la Bible et de ses prophéties. Ce sera le résultat positif du conflit entre Israël et les Arabes. Evidemment, personne ne saurait dire l'étendue de ce résultat. Dieu seul le connaît. Nous savons cependant que Dieu agit à travers de l'homme. Il se peut que ce résultat positif dépende en grande partie de nous, ses enfants, qui acceptons la Bible comme sa Parole immuable.

Cherchons le dialogue biblique avec les Arabes. Nous avons une arme invincible : la prophétie et son accomplissement actuel.

CHAPITRE 6

L'Islam, religion suprême

« C'est Lui, (Allah), qui a envoyé Son Apôtre, (Mahomet), avec la Direction et la Religion de la Vérité (l'Islam), pour la placer au-dessus de toute religion.
(Le Coran, ch. 61, v. 9, Trad. Montet.)

Mahomet crut avoir reçu la mission d'établir l'Islam au-dessus des autres religions, y compris celles du Judaïsme et du Christianisme. Disons mieux, surtout au-dessus du Judaïsme et du Christianisme, qu'il considère ruinés à cause des erreurs qui y auraient été introduites, et sa mission serait de les remplacer par l'Islam.

Donc, il est nécessaire de passer en revue des personnages de l'Ancien et du Nouveau Testament, cités dans le Coran, ainsi que les paroles que Mahomet met dans leurs bouches à propos de tel ou tel événement. Nous comparerons ensuite ces textes à ce qui en est dit dans la Bible. Le lecteur pourra constater par lui-même que la version coranique est non pas simplement une copie de la Bible, mais qu'il s'y est aussi glissé la tradition et des fables de sources diverses, (talmudique, catholique et païenne). Certains de ces textes sont à tel point éloignés de leur origine qu'ils en deviennent une parodie.

C'est donc en comparant le Coran et la Bible que le musulman pourra, s'il le désire, acquérir la conviction que la Bible, loin d'être tombée en ruine, est, au contraire, un Livre de Vérité dont la valeur est éternelle.

Pendant des siècles, l'Islam, avec le Coran, s'était entouré de haies que nul autre qu'un musulman ne pouvait franchir. Le « temple » de la Mecque en est le symbole. C'est le « lieu défendu », (« haram » en arabe), à celui qui est étranger au culte islamique, et il ne pouvait y pénétrer qu'au risque de sa vie. Le musulman, lui non plus, ne devait pas franchir la haie dans l'autre sens, pour s'informer, dans la Bible, de l'origine de sa foi.

Il faut d'ailleurs ajouter que le Coran fascine à tel point le musulman par la beauté de la langue et par son style que le désir de lire la Bible ne lui vient même pas.

La Bible est donc restée un livre totalement ignoré des musulmans bien qu'elle constitue l'origine de leur foi.

Une dernière raison, et c'est peut-être la principale, à ce que les musulmans aient ignoré la Bible jusqu'à présent, est que, d'après Mahomet, Dieu a suscité un prophète arabe et un livre en cette langue. D'après lui, Dieu a envoyé en des temps différents et à divers peuples, des prophètes qui, en se succédant, rendaient les précédents inutiles. Par conséquent, la Bible serait devenue un livre périmé à la venue de Mahomet et la parution du Coran.

Mais dans la conjoncture politique actuelle au Proche-Orient, notamment dans la guerre désespérée que livre l'Islam à Israël, l'Islam est contraint d'ouvrir quelque peu ses portes au monde occidental à cause de l'aide militaire qu'il cherche à en recevoir. Cet état de choses affaiblit l'Islam.

En effet, la puissance de l'Islam doit s'effondrer avant le retour du Messie, afin de permettre à un certain nombre de musulmans de trouver refuge dans le Dieu d'Israël et dans son Oint, Jésus, le Sauveur du monde.

Pendant des siècles, la forteresse spirituelle de l'Islam a semblé imprenable. Comme dans la ville de Jéricho, « personne n'entrait et personne (du monde musulman) ne sortait. (Josué 6-1). Durant ces siècles écoulés, les disciples de Jésus ont « fait le tour des murailles » de l'Islam comme le peuple d'Israël l'avait fait de celles de Jéricho, en priant et en témoignant aux musulmans de la grâce de Dieu qui est dans l'Evangile de Jésus-Christ. Et, comme les murailles de Jéricho tombèrent sur l'intervention divine, de même, espérons-nous, tomberont celles de la forteresse islamique.

Dieu commence à le faire, dès maintenant, par l'Etat d'Israël, dont la résurrection est un démenti aux nombreuses affirmations du Coran, relatives à ce peuple et à son pays. Cette résurrection prouve, au contraire, que la Bible a dit vrai. En effet, la restauration d'Israël y est prophétisée. Esaïe 14-1 : « Car l'Eternel aura pitié de Jacob. Il choisira encore Israël et il les rétablira dans leur pays » ; Jérémie 46-27 et 28 : « Toi, mon serviteur Jacob, ne crains pas ; ne t'effraie pas, Israël ! Car je te délivrerai de la terre lointaine, je délivrerai ta postérité du pays où elle est captive ; Jacob reviendra, il jouira du repos et de la tranquillité, et il n'y aura personne pour le troubler... Je suis avec toi... Je ne t'anéantirai pas ! » Jérémie 31-35 à 40 : « Ainsi parle l'Eternel qui a fait le soleil pour éclairer le jour... la lune et les étoiles pour éclairer la nuit... : si ces lois viennent à cesser... la race d'Israël aussi cessera d'être une nation devant moi ».

En beaucoup d'autres passages bibliques, cette promesse est répétée.

La prophétie est un phénomène propre à la Bible. Le plan de Dieu concernant la terre y est tracé, depuis la création jusqu'au rétablissement « des nouveaux cieux et de la nouvelle terre ». Des prophètes, tels Daniel, Esaïe, Jérémie, ont prophétisé, des siècles avant, l'avènement et la chute de grands empires mondiaux, (ceux de Babylone, de Rome, etc.). Mais c'est surtout l'histoire en entier du peuple juif que la Bible a prophétisé, et cela constitue le phénomène le plus extraordinaire et prouve qu'elle est inspirée et véritable, d'un bout à l'autre. Quant au Coran, l'élément « prophétie » y manque totalement, à part l'annonce du « jour du jugement », que d'ailleurs la Bible a annoncé depuis le commencement. Jude v. 14 et 15 : « C'est aussi pour ces pécheurs qu'Enoch, le septième depuis Adam, a prophétisé en ces termes : Voici, le Seigneur est venu avec ses saintes myriades, pour exercer un jugement contre tous, et pour faire rendre compte à tous les impies parmi eux de tous les actes d'impiété qu'ils ont commis, et de toutes les paroles injurieuses qu'ont proférées contre lui les pécheurs impies ».

* * *

Aussi étrange que cela puisse paraître à certains, nous n'hésitons pas à affirmer, selon la Parole de Jésus, que « ceux qui prendront l'épée périront par l'épée ». (Matthieu 26-52). Or, l'Islam, contrairement à l'Evangile, s'était répandu par l'épée : « O prophète, combats les incrédules et les impies ! Traite-les avec rigueur ! L'enfer sera leur affreuse demeure », (Le Coran, Trad. M. Savary, ch. 9, v. 74). « ...S'ils retournaient à l'infidélité, saisissez-les et les mettez à mort partout où vous les trouverez... », (Le Coran, Trad. M. Savary, ch. 4, v. 91) ; etc... C'est par Israël, avec qui il est aux prises maintenant, que l'Islam s'affaiblit, afin de permettre à beaucoup de musulmans de rechercher la Parole de Dieu, la Bible, pour y trouver la vérité. Que le lecteur me pardonne d'insister sur ce point. C'est le but de cet ouvrage.

M. Maulana Muhammad, du Pakistan, traducteur du Coran en Anglais et théologien éminent musulman, s'efforce de prouver que le mot « Jahidi », traduit par « combat », n'indique nullement une action avec une arme.

Pourtant « Jihad » est unanimement accepté comme voulant dire « faire la guerre ».

Chez les Musulmans, « jihad » était, et est encore maintenant, le mot d'ordre pour partir en guerre sainte contre ceux qui s'opposent à la religion de l'Islam ou à ses lieux saints.

M. Muhammad Hamidullah, qui a traduit le Coran en Français, ajoute dans une note marginale, au sujet du verset 74 du chapitre 9 du Coran : « Comparez ce verset au Psaume 45, versets 3 à 5 ». Or, voici ce qu'il est dit dans ce Psaume : « Vaillant guerrier, ceins ton épée, ta parure et ta gloire. Oui, ta gloire. Sois vainqueur. Monte sur ton char. Défends la vérité, la douceur et la justice, et que ta droite se signale par de merveilleux exploits. Tes flèches sont aiguës. Des peuples tomberont sous toi. Elles perceront le cœur des ennemis du roi ».

Ce Psaume 45 ne prouve nullement que « jihad » ne soit pas un combat armé.

* * *

Le déclin de l'Islam a d'ailleurs commencé au 18ᵉ siècle, avec la colonisation. La France, l'Angleterre, l'Espagne, le Portugal, l'Italie, ont dominé des pays islamiques. Ils y ont construit des églises et des cathédrales, avec la croix pointant vers le ciel et dépassant parfois la hauteur des mosquées. Leurs cloches sonnaient à côté du minaret d'où venait l'appel à la prière. Ceux qui connaissent les musulmans comprennent la peine que leur causait la présence des « N'çaras », (c'est le nom que donnent les Arabes aux chrétiens et qui signifie « nazaréens », c'est-à-dire « disciples de Jésus de Nazareth), sur leur territoire.

Puis vint la décolonisation et l'indépendance de ces pays. Mais, contrairement à ce à quoi on pouvait s'attendre, ils ne revinrent pas au mode de vie qu'ils avaient eu avant la colonisation. Ce sont des Etats érigés selon le principe occidental. Une forte poussée se manifeste vers la connaissance de la culture et des coutumes de l'Occident. Cependant, la corruption que la civilisation a introduite dans les pays arabes, (boissons alcoolisées, cinéma, corruption de mœurs), y est restée, bien que les colonisateurs soient partis.

Enfin, il y a aussi la pénétration des idées provenant des pays communistes et athées de l'Est.

Tout ceci fait que l'Islam ne sera plus jamais ce qu'il a été. Ainsi nous constatons que le Maître Souverain de l'histoire, Dieu, a commencé depuis longtemps à affaiblir cette puissance religieuse.

CHAPITRE 7

Divergence entre le Coran et la Bible

Pour résumer ce qui vient d'être dit, nous voulons réaffirmer que, premièrement en ce qui concerne le peuple juif, Dieu lui a promis une fidélité éternelle et son rétablissement dans le pays qu'Il donna, il y a 4.000 ans, à Abraham, Isaac et Jacob, ainsi qu'à leur postérité, les Juifs. Le châtiment de ce peuple, à cause de ses péchés, a été prédit par Moïse et tous les prophètes, notamment l'expulsion de son pays et sa dispersion parmi toutes les nations. Mais ces mêmes prophètes ont également prédit le rassemblement des Juifs sur leur terre, juste avant le retour du Messie Jésus. Et c'est ce que nous voyons actuellement. Les événements confirment la Bible, et, en même temps révèlent l'inexactitude du Coran, qui ne retient que le châtiment d'Israël et ne dit mot sur son rétablissement.

Deuxièmement, en ce qui concerne le Messie Jésus, (bien que ce thème sera traité à part, sous le titre « Jésus et l'Evangile dans le Coran »), nous voulons redire ici que le Coran contredit, sur ce point essentiel, ce que dit la Bible. Au Psaume 2-7, David déclare par le Saint-Esprit que le Messie est le Fils de Dieu : « L'Eternel m'a dit : tu es mon Fils, je t'ai engendré aujourd'hui ! ». Mais le Coran, lui, déclare, au ch. 2, v. 110 et au ch. 17, v. 111, (Trad. M. Savary) : « Dieu a un fils, disent les chrétiens. Loin de lui ce blasphème ! », « Louange au Très-Haut ! Il n'a point de fils. Il ne partage point l'empire de l'univers. Il n'a point besoin d'aide ».

Mahomet prétend que son livre confirme la Bible. Cela n'est pas exact, car après comparaison fidèle des deux livres, nous acquérons la conviction profonde que le Coran ne confirme pas la Bible. Il n'est qu'une pâle reproduction de ce gigantesque ouvrage divin qu'est la Bible.

Un faux prophète n'est pas nécessairement faux sur tous les points. Mais son enseignement doit être rejeté dès qu'il est faux sur l'essentiel. Or le Coran contredit les points essentiels de la Bible, entre autres la Déité de Jésus le Messie, sa mort sur la croix et les rapports de Dieu avec son peuple Israël.

CHAPITRE 8

Les Juifs en Arabie à l'époque de Mahomet

Pour mieux comprendre les textes du Coran que nous allons citer, il est nécessaire de connaître la condition des Juifs en Arabie, au temps de Mahomet.

Plusieurs de leurs communautés sont mentionnées par les historiens : les Nadirites, les Coraïdites, la tribu des Caïnoca et la citadelle de Khaïbar qui est située à six jours de marche de Médine, ainsi que d'autres communautés fortifiées aux environs de Médine et dans la ville même.

L'opposition des Juifs à Mahomet ne tarda pas à se manifester, tant sur le terrain de la théologie que sur le champ de bataille, car le « prophète » avait reçu la permission divine de combattre par l'épée ses adversaires. Le Coran, ch. 22, v. 40, (Trad. M. Savary) : « Il a permis à ceux qui ont reçu des outrages de combattre et Il est puissant pour les défendre ».

M. M. Savary, dans son abrégé de la vie de Mahomet, nous fournit d'excellents et nombreux renseignements sur cette époque : Le Coran, page 110 : « Les Juifs ne reconnaissant point dans un simple citoyen de la Mecque ce Messie brillant de gloire qu'ils attendaient, rejetèrent sa doctrine, et se déclarèrent ses ennemis ». Page 34 : « Les Juifs établis à Médine et dans les environs étaient puissants. Mahomet avait fait alliance avec eux. Une de leurs tribus, nommée Caïnoca, viola le traité. Le prophète, qui ne désirait rien tant que de les dompter en les attaquant séparément, profita de l'occasion. Il alla mettre le siège devant leur citadelle. S'y étant fortifiés, ils se défendirent courageusement pendant quinze jours. On leur livra de nouveaux assauts, et obligés de céder à la force, ils se rendirent à discrétion. Pour jeter l'effroi parmi les autres tribus juives, Mahomet leur fit lier à tous les mains derrière le dos et résolut de leur couper la tête... Abdallah... prince... intercéda pour eux... Les Juifs eurent la vie sauve, mais leurs biens furent partagés entre les vainqueurs ».

Page 41 : « Les Nadirites, tribu puissante des Juifs, ...l'invitèrent (Mahomet) à une de leurs maisons de campagne. Mahomet s'y rendit... C'était un piège qu'on tendait à ses jours. Les Juifs avaient rassemblé des pierres sur le toit, et devaient l'écraser pendant le festin... Mahomet s'aperçut qu'ils tramaient une perfidie... et sortit de l'appartement. Il retourna promptement à Médine, et revint en force attaquer les traîtres... Il les assiégea... La vue de leurs palmiers coupés abattit leur courage... Ils se rendirent à discrétion après un blocus de six jours. Ils obtinrent, pour toute grâce, d'emporter de leurs richesses la charge d'un chameau... »

Page 46 : « Les Coraïdites avaient soulevé contre lui une partie de l'Arabie... Mohamed, selon son habitude, fit parler le ciel... A midi, Gabriel lui commanda de les réprimander... Le lendemain il se mit en marche et alla assiéger la forteresse des Coraïdites. Ils se défendirent vaillamment... Caab, leur allié... leur proposa de reconnaître Mahomet pour l'Apôtre prédit par les Ecritures et de remettre leur citadelle entre ses mains, à condition qu'il leur accorderait la vie sauve. Les Juifs suivirent ce conseil pernicieux... et se rendirent à discrétion. Mahomet qui voulait leur perte choisit pour arbitre... Saad... qui dit : Que l'on mette à mort les hommes ; que l'on partage leurs biens ; que leurs femmes et leurs enfants soient emmenés en captivité. C'est l'arrêt de Dieu, s'écria Mahomet !... Rihana, la plus belle des Juives, échut en partage à Mahomet... ».

Pages 56 à 60 :

« Sur-le-champ, il (Mahomet) fit donner le signal du départ et ramena ses troupes à Médine. Aussitôt qu'il y fut rentré, il fit des préparatifs contre les Juifs. Il avait déjà détruit deux de leurs tribus et envahi leur territoire. Ces conquêtes ne suffisaient point à sa sûreté et à son ambition. La possession de plusieurs places fortes les rendaient encore redoutables. Toujours prêts à se soulever, toujours prêts à offrir des secours aux idolâtres, ils opposaient partout une barrière à ses desseins. L'impossibilité de les rendre Musulmans ou fidèles alliés lui fit prendre le parti d'en faire des esclaves.

Au mois de Moharam, Mahomet partit secrètement de Médine à la tête de quatorze cents hommes d'infanterie et de deux cents cavaliers. Il attaqua brusquement le château de Naem et l'emporta d'emblée. Il alla ensuite mettre le siège devant la forteresse Elaçab. Les Juifs étaient préparés à le recevoir. Ils avaient fait le dégât autour de leur ville et coupé leurs palmiers. Ils opposèrent une vigoureuse résistance. Les Musulmans, accablés de fatigue et souffrant extrêmement par la disette des vivres, entourèrent la tente de leur général et lui portèrent leurs plaintes. Il se mit en prière et, levant les mains au ciel, il s'écria : « Seigneur, tu vois l'état où ils sont réduits. Les forces leur manquent. Ils meurent de besoin. Ouvre-leur les portes de cet immense château rempli de provisions et de richesses ». La prière produisit son effet. Elle ranima le courage des soldats. Ils livrèrent l'assaut et la place fut emportée. On y trouva des monceaux d'orge et de dattes, beaucoup d'huile et de miel, des amas d'armes ; des troupeaux de bœufs, de brebis et d'ânes. On apporta à Mahomet un large cuir de chameau rempli de ceintures, de bracelets, de jarretières, de pendants d'oreilles et d'anneaux d'or, outre une grande quantité de pierres précieuses. Ces dépouilles furent partagées entre les vainqueurs. Avant de laisser ralentir leur ardeur, il les mena contre le château d'Elcamous : c'était la citadelle de Khaïbar. Sa situation sur un rocher et les travaux que Kénana y avait ajoutés la rendaient presque imprenable. Ce prince, le plus riche et le plus puissant de la nation, qui prenait le titre de roi des Juifs s'y était enfermé avec ses trésors. Il fallut l'assiéger en forme. On fit approcher les béliers et les autres machines de guerre. On battit la muraille sans relâche, malgré les efforts des assiégés. Encouragés par l'exemple de leur chef, qui s'exposait aux plus grands périls, les Musulmans montrèrent une ardeur incroyable. On fit brèche. Il s'y livra plusieurs combats. Mais les assiégeants, malgré leur bravoure, ne purent gagner les derniers retranchements. Mahomet voyant leurs efforts inutiles, fit sonner la retraite. Pendant deux jours il resta enfermé dans sa tente, méditant sur les moyens de se rendre maître de la forteresse. Tandis qu'il combinait son plan, Abubecr prit l'étendard de l'Islamisme et, suivi d'une troupe d'élite, alla le planter sur la brèche. Il y combattit vaillamment. Mais la résistance opiniâtre des assiégés l'obligea de se retirer. Omar crut qu'il serait plus heureux. Il saisit le même étendard et, appelant ses braves compagnons, il les mena contre l'ennemi. Malgré une grêle de dards et de flèches, ils montèrent sur les débris de la muraille et firent des prodiges de valeur. Mais après un rude combat, ils furent forcés à prendre la fuite. Les deux officiers rendirent compte à leur général du peu de succès de leurs armes. « J'en jure par Allah, leur dit Mahomet, demain je confierai cet étendard aux mains d'un brave, ami de Dieu et de l'apôtre qu'Il aime, guerrier intrépide qui ne sait point tourner le dos à l'ennemi ». Le lendemain, les Mohagériens et les Ansariens avaient de grand matin entouré sa tente. Le cou penché en avant, l'œil fixe, ils pressaient leurs rangs pour découvrir sur qui tomberait le choix glorieux. Chaque brave s'en faisait honneur. Depuis plusieurs jours l'invincible Ali gémissait de voir son courage inutile. Un mal des yeux le forçait à demeurer oisif. Il parut, le front ceint d'un bandeau. Mahomet l'ayant fait approcher, lui frotta les yeux de sa salive et le mal se dissipa. Après cette cure merveilleuse, il lui donna l'étendard de la religion et l'envoya contre les assiégés. Ali le reçut avec joie et marcha avec confiance. Il monta sur la brèche et y planta son drapeau. Les Juifs sortirent en grand nombre pour le repousser. Mais Ali, inébranlable à son poste, renversait tous ceux qui osaient se mesurer avec lui. Il avait étendu à ses pieds Elhareth. Marhab, lieutenant du château, descendit pour venger la mort de son frère. Cet officier était renommé pour sa force et son audace. Couvert d'une double cuirasse, ceint de deux épées, il portait deux turbans avec un casque où l'on voyait briller une pierre précieuse de la grosseur d'un œuf. Sa main était armée d'une lance en forme de trident. Les Musulmans n'osaient se mesurer avec lui. Il marcha fièrement contre Ali, qui l'attendait de pied ferme, et lui dit en l'abordant : « Tu connais Kaïbar. Je suis Marhab. Mes armes sont bonnes et j'ai le bras d'un héros ». « Et moi, lui répondit Ali, je m'appelle le lion. C'est le nom que ma mère me donna en naissant. Je vais te mesurer avec cette épée à la mesure de Sandara » (C'est une grande mesure).

A ces mots les deux rivaux en vinrent aux mains. Ils se portèrent des coups terribles. Ali, plus adroit, trompait le bras de son pesant adversaire. Ayant saisi l'instant où Marhab avait porté à faux, il lui fendit la tête d'un coup de sabre. Son casque, ses turbans ne purent le garantir. Marhab, sans vie, roula sur la poussière. Ali ne s'arrêta point à cet exploit. Il poursuivit les Juifs, consternés de la mort de leur chef, et entrant avec eux dans le château, s'en rendit maître. Mahomet en prit possession. Tous les habitants furent rendus esclaves. Parmi les captives on remarquait la belle Safia, fille d'un des principaux Juifs. Il la destina à devenir son épouse et lui donna la liberté pour dot.

Tandis qu'il se délassait de ses travaux et célébrait avec les chefs de son armée cette superbe conquête, Zaïnab, sœur de Marhab, qui avait succombé sous le bras d'Ali, préparait sa mort. Elle empoisonna un agneau rôti et le fit servir à sa table. A peine Mahomet en eut-il mis un morceau dans sa bouche qu'il le rejeta en disant : « Ce mouton est empoisonné ». Bashar, l'un de ses compagnons, qui en avait avalé une bouchée, mourut sur-le-champ. Malgré la promptitude avec laquelle Mahomet avait rejeté le morceau empoisonné, malgré les ventouses qu'il se fit appliquer aux épaules, la malignité du poison pénétra la masse du sang, abrégea ses jours et lui fit éprouver de violentes douleurs jusqu'à sa mort. Cet événement n'était pas propre à diminuer la haine qu'il portait aux Juifs. Aussi continua-t-il à les dépouiller de leurs biens et à les réduire en servitude. Les habitants de Khaïbar, voyant leurs forteresses enlevées, ouvrirent au conquérant les portes de leur ville. Ils le prièrent de leur laisser la culture de leurs palmiers et de leurs terres, promettant de lui remettre la moitié du produit. Leur demande fut accordée. Ils demeurèrent en possession de Khaïbar jusqu'au califat d'Omar qui chassa tous les Juifs d'Arabie et les relégua en Syrie où il leur donna des terres.

Les habitants de Fadac, effrayés du sort de leurs voisins, se soumirent et obtinrent les mêmes conditions qu'eux. Mahomet, devant cette conquête à la négociation et non à la force de ses armes, s'en réserva la propriété suivant cette loi du Coran : « Le butin qu'Il (Dieu) a accordé au prophète, vous ne l'avez disputé ni avec vos chameaux ni avec vos chevaux ». Résolu à ne pas laisser aux Juifs une seule place forte, il conduisit ses troupes victorieuses devant Wadi Elcora. Les habitants refusèrent de se rendre. On les assiégea. La place ayant été prise d'assaut, ils furent emmenés en captivité. Aussitôt qu'il eut pris d'assaut Wadi Elcora, il alla attaquer les forts de Watish et de Salalem. On les emporta, l'épée à la main. Durant cette campagne, il s'empara de toutes les places fortes des Juifs. Il les dépouilla de leurs richesses et réduisit presque toute la nation en esclavage. »

Mahomet, sur son lit de mort, (page 101), « termina son discours par une imprécation contre les Juifs, à la perfidie desquels il devait la mort qui couvait dans son sein : « Que les Juifs, s'écria-t-il, soient maudits de Dieu » !

(Fin des citations de « l'Abrégé de la vie de Mahomet », par M. Savary.)

Citations du Coran comparées à la Bible

EXHORTATION AUX JUIFS A NE REJETER NI LA BIBLE NI LE CORAN

Chapitre 2 (Traduction Montet).

38. O enfants d'Israël ! Souvenez-vous de Mes bienfaits dont Je vous ai comblés, et soyez fidèles à Mon alliance : Je serai fidèle à votre alliance. Et redoutez-Moi. Croyez en ce que J'ai révélé, (le Coran), confirmant ce que vous avez, (la Bible). Ne soyez pas les premiers à n'y pas croire, (c'est-à-dire au Coran), et ne troquez pas Mes signes pour un vil prix. Craignez-Moi.

Mahomet reproche aux Juifs, au Nom de Dieu, d'avoir été les premiers à le rejeter, alors que, d'après lui, vu leur élection divine, ils auraient dû être les premiers à le recevoir en tant que prophète... C'est l'argument qu'il avancera tout au long de son livre où il accumule des reproches, et presque rien d'autre, à l'adresse des Juifs.

39. N'habillez pas la vérité avec la fausseté, et ne cachez pas la vérité, quand vous la connaissez.

« Mahomet accuse les Juifs de fausser la Bible où, selon le Coran et la tradition musulmane, l'Islam serait annoncé et prédit. »

(Note du traducteur.)

40. Faites la prière en temps voulu, donnez l'aumône, et inclinez-vous avec ceux qui s'inclinent.

Mahomet invite les Juifs à observer les préceptes de l'Islam, alors que c'est aux Juifs qu'appartient le culte. (Romains 9, 4).

41. Ordonnerez-vous aux hommes d'être pieux, et vous oublierez-vous vous-mêmes ? Vous lisez le Livre, (la Bible) : ne le comprenez-vous pas ?

Cette parole est juste et rappelle Romains 2, 17 à 24.

LES JUIFS : PEUPLE ELU

44. O enfants d'Israël ! Souvenez-vous de Mes bienfaits dont

Je vous ai comblés, et rappelez-vous que Moi, je vous ai regardés comme supérieurs aux mondes.

Election du Peuple Juif confirmée.

LES SOUFFRANCES DES JUIFS EN EGYPTE

46. Lorsque Nous vous avons délivré des gens de Pharaon, qui vous infligeait maux et tortures, ils mettaient à mort vos fils, mais ils laissaient la vie à vos femmes. Il y avait en cela une grande épreuve pour vous de la part de votre Seigneur.

Exode 1, 16 : **Quand vous accoucherez les femmes des Hébreux et que vous les verrez sur les sièges, si c'est un garçon, faites-le mourir ; si c'est une fille, laissez-la vivre.**

LA TRAVERSEE DE LA MER ROUGE

47. Lorsque Nous fendîmes pour vous la mer, et que Nous vous sauvâmes et que nous noyâmes les gens de Pharaon, et que vous le vîtes,

Exode 14, 29 : Mais les enfants d'Israël marchèrent à sec au milieu de la mer.

Exode 14, 30 : Israël vit sur le rivage de la mer les Egyptiens qui étaient morts.

MOISE SUR LE MONT SINAI. LE VEAU D'OR

48. lorsque Nous avons conciu un pacte avec Moïse pendant quarante nuits, alors vous avez pris le veau, après qu'il fut parti, et vous avez mal agi.

Exode 24, 18 : Moïse demeura sur la montagne quarante jours et quarante nuits.

Exode 32, 4 : Aaron... jeta l'or dans un moule et il fit un veau en fonte. Et ils dirent : Israël ! voici ton dieu qui t'a fait sortir du pays d'Egypte.

---

49. Alors Nous vous avons pardonné, après cela. Peut-être serez-vous reconnaissants !

DON DE LA LOI

50. (Traduction M. Savary). Et nous donnâmes à Moïse un livre, avec des commandements, pour être la règle de vos actions.

LE PECHE DU VEAU D'OR

51. (Traduction M. Savary). Moïse dit aux Israélites : O mon peuple ! pourquoi vous livrez-vous à l'iniquité, en adorant un veau ? Revenez à votre créateur ; immolez-vous mutuellement : ce sacrifice lui sera plus agréable : il vous pardonnera, parce qu'il est indulgent et miséricordieux.

Exode 32, 26 à 28 : Moïse se plaça à la porte du camp, et dit : A moi ceux qui sont pour l'Eternel ! Et tous les enfants de Lévi s'assemblèrent auprès de lui. Il leur dit : Ainsi parle l'Eternel le Dieu d'Israël : Que chacun de vous mette son épée au côté ; traversez et parcourez le camp d'une porte à l'autre, et que chacun tue son frère, son parent. Les enfants de Lévi firent ce qu'ordonnait Moïse ; et environ trois mille hommes parmi le peuple périrent en cette journée.

LE PEUPLE DESIRE VOIR DIEU POUR S'EN CONVAINCRE...

52. Vous répondîtes à Moïse : Nous ne croirons point jusqu'à ce que nous voyions Dieu manifestement. La foudre vous environna, et éclaira votre malheur.

Seul Moïse désira voir la face de Dieu : Exode 33, 18 à 20 : Moïse dit : Fais-moi voir ta gloire ! L'Eternel répondit : Je ferai passer devant toi toute ma bonté, et je proclamerai devant toi le nom de l'Eternel ; je fais grâce à qui je fais grâce, et miséricorde à qui je fais miséricorde. L'Eternel dit : tu ne pourras pas voir ma face, car l'homme ne peut me voir et vivre.

Quant au peuple : Exode 20, 18 à 20 : Tout le peuple entendait les tonnerres et le son de la trompette ; il voyait les flammes de la montagne fumante. A ce spectacle, le peuple tremblait et se tenait dans l'éloignement. Ils dirent à Moïse : Parle-nous toi-même, et nous écouterons. Mais que Dieu ne nous parle point, de peur que nous ne mourions. Moïse dit au peuple : Ne vous effrayez pas ; car c'est pour vous mettre à l'épreuve que Dieu est venu, et c'est pour

53. Nous vous ressuscitâmes, afin que vous fussiez reconnaissants.

que vous ayez sa crainte devant les yeux, afin que vous ne péchiez point.

Nulle part, dans le Pentateuque, il n'est dit que Dieu ressuscita ceux qui avaient péri à la suite de Sa colère. Mais d'après un commentateur musulman, Ismael Ebn Ali, (Traduction anglaise du Coran par George Sale, note n, page 6), il s'agirait ici de l'événement rapporté en Exode 24, 9 à 11 : « Moïse monta avec Aaron, Nadab et Abihu, et soixante-dix anciens d'Israël. Ils virent le Dieu d'Israël ; sous ses pieds, c'était comme un ouvrage de saphir transparent, comme le ciel lui-même dans sa pureté. Il n'étendit point sa main sur l'élite des enfants d'Israël. Ils virent Dieu, et ils mangèrent et burent ». D'après ce commentateur, ces hommes auraient été frappés de mort, mais ressuscités à la prière de Moïse.

LA NUÉE, LA MANNE ET LES CAILLES

54. Nous fîmes descendre les nuages, pour vous servir d'ombrage. Nous vous envoyâmes la manne et les cailles, et nous dîmes : Nourrissez-vous des biens que nous vous offrons. Vos murmures n'ont nui qu'à vous-mêmes.

Exode 13, 21 et 22 : L'Eternel allait devant eux, le jour dans une colonne de nuée pour les guider dans leur chemin, et la nuit dans une colonne de feu pour les éclairer, afin qu'ils marchassent jour et nuit. La colonne de nuée ne se retirait point de devant le peuple pendant le jour, ni la colonne de feu pendant la nuit.

LES JUIFS REFUSENT D'ENTRER AU PAYS DE CANAAN

55. Nous dîmes au peuple d'Israël : Entrez dans cette ville ; jouissez des biens que vous

Mahomet confond « ville » et « pays » de Canaan, où le peuple refusa d'entrer après le retour

y trouverez en abondance. Adorez le Seigneur en y entrant. Dites : le pardon soit sur nous. Vos péchés vous seront remis et les justes seront comblés de nos faveurs.

56. Les méchants changèrent ces paroles et nous fîmes descendre sur eux la vengeance du ciel, parce qu'ils étaient criminels.

des douze espions. L'Eternel déclare en Nombres 14, 29 : Vos cadavres tomberont dans ce désert. Vous tous, dont on a fait le dénombrement, en vous comptant depuis l'âge de vingt ans et au-dessus, et qui avez murmuré contre moi, vous n'entrerez point dans le pays... ».

MOISE FRAPPE LE ROCHER A HOREB. IL EN JAILLIT 12 SOURCES

57. Moïse demanda de l'eau pour désaltérer son peuple et nous lui ordonnâmes de frapper le rocher de sa baguette. Il en jaillit douze sources. Chacun connut le lieu où il devait se désaltérer. Nous dîmes aux Israélites : Mangez et buvez de ce que vous offre la libéralité de Dieu ; ne soyez point prévaricateurs et ne souillez point la terre de vos crimes.

Exode 17, 6 : L'Eternel dit à Moïse : ...Voici, je me tiendrai devant toi sur le rocher d'Horeb ; tu frapperas le rocher et il en sortira de l'eau et le peuple boira. Et Moïse fit ainsi aux yeux des anciens d'Israël.

Mahomet confond cet événement avec celui des douze sources que le peuple d'Israël trouva en arrivant à Elim. Exode 15, 27 : Ils arrivèrent à Elim où il y avait douze sources d'eau...

LE PEUPLE MURMURE DANS LE DESERT

58. Le peuple s'écria : O Moïse ! Une seule nourriture ne nous suffit pas. Invoque le Seigneur, afin qu'il fasse produire à la terre des olives, des concombres, de l'ail, des lentilles et des oignons. Moïse répondit : Voulez-vous jouir d'un sort plus avantageux ? Retournez en Egypte. Vous y trouverez ce que vous demandez. L'avilissement et la pauvreté furent leur partage. Le courroux du ciel s'appesantit sur eux, parce qu'ils ne

Nombres 11, 4 à 6 : Le ramassis de gens qui se trouvaient au milieu d'Israël fut saisi de convoitise ; et même les enfants d'Israël recommencèrent à pleurer et dirent : Qui nous donnera de la viande à manger ? Nous nous souvenons des poissons que nous mangions en Egypte et qui ne nous coûtaient rien, des concombres, des melons, des poireaux, des oignons et des aulx. Maintenant nos yeux ne voient que de la manne.

crurent point à ses prodiges et qu'ils tuèrent injustement les prophètes : ils furent rebelles et prévaricateurs.

Moïse n'a jamais conseillé aux Juifs de retourner en Egypte

DON DE LA LOI SUR LE MONT SINAI

60. Lorsque nous acceptâmes votre alliance et que nous élevâmes au-dessus de vos têtes le mont Sinaï, nous dîmes : Recevez nos lois avec reconnaissance ; conservez-en le souvenir, afin que vous marchiez dans la crainte.

Exode 19, 17 : Moïse fit sortir le peuple du camp à la rencontre de Dieu : et ils se placèrent au bas de la montagne.

Les mots « au bas » veulent dire « sous » en hébreu. C'est d'après cela qu'une légende rabbinique veut que Dieu ait élevé la montagne au-dessus des têtes de ceux d'Israël, les menaçant de ce qu'elle tomberait sur eux et les écraserait, s'ils n'acceptaient pas Sa Loi. Mahomet a puisé son oracle à cette source.

UNE PARTIE DES JUIFS TRANSFORMES EN SINGES

61. Bientôt vous retournâtes à l'erreur et si la miséricorde divine n'eût veillé sur vous, votre perte était certaine. Vous connaissez ceux d'entre vous qui transgressèrent le jour du sabbat. Nous les transformâmes en vils singes.

Note de M. Savary : Une partie des habitants d'Aïla, ville située sur les bords de la Mer Rouge, s'étant obstinés à pêcher le jour du sabbat malgré les représentations de leurs concitoyens, furent maudits par David et transformés en singes. Ils demeurèrent trois jours dans cet état. Ensuite un vent violent les précipita dans la mer. (Abul Feda rapporte cette phrase accréditée parmi les Musulmans). Note (1), Coran Trad. M. Savary, p. 118.

LA VACHE ROUSSE

63. Dieu, dit Moïse aux Israélites, vous commande de lui immoler une vache. Prétends-tu abuser de notre crédulité ? répondirent-ils. Je retourne vers

Mahomet confond ici deux textes bibliques : Deut. 21, 1 à 9, où il s'agit de la génisse dont la nuque devait être brisée en expiation du meurtre d'un hom-

le Seigneur, ajouta Moïse, pour n'être pas au nombre des insensés.

Prie le Seigneur, répliquèrent-ils, de nous déclarer quelle vache nous devons lui sacrifier. Qu'elle ne soit ni jeune ni vieille, ajouta le prophète, mais d'un âge moyen. Faites ce qui vous a été ordonné.

64. Prie le Seigneur, continua le peuple, de nous faire connaître sa couleur. Qu'elle soit, dit Moïse, d'un jaune clair qui réjouisse la vue.

65. Prie le Seigneur de nous désigner plus particulièrement la victime qu'il demande. Nos vaches se ressemblent, et si Dieu veut, il dirigera notre choix.

66. Qu'elle n'ait point servi à labourer la terre, ni travaillé à l'arrosage des moissons ; qu'elle n'ait point souffert l'approche du mâle ; qu'elle soit sans tache : tel est le précepte du Seigneur. Maintenant, s'écria le peuple, tu nous as dit la vérité. Ils immolèrent la vache, après avoir été sur le point de désobéir.

67. Lorsque vous mîtes un homme à mort et que ce meurtre était l'objet de vos disputes, Dieu produisit au grand jour ce que vous cachiez.

68. Nous recommandâmes de frapper le mort avec un des membres de la vache. C'est ainsi que Dieu ressuscite les morts et fait briller à vos yeux ses merveilles, afin que vous compreniez.

me dont on ne connaissait pas le meurtrier, et Nombres 19 où il est question d'une vache rousse, sans tache, sans défaut corporel, qui n'ait point porté le joug, qui devait être égorgée et dont la cendre devait être mêlée à de l'eau servant pour la purification des impuretés des enfants d'Israël.

Note de M. Savary. (Le Coran page 119) : « Hammiel, un des plus riches parmi les Israélites, ayant été tué, ses parents conduisirent à Moïse les prétendus meurtriers. Ils nièrent le fait. On n'avait point de témoins. La vérité était difficile à découvrir. Dieu ordonna d'immoler une vache avec les conditions requises. On toucha le cadavre avec la langue de la victime. Il revint à la vie, se leva, prononça le nom de son meurtrier, et mourut de nouveau ».

CŒURS DE PIERRE

(Traduction E. Montet.)

69. Mais vos cœurs se sont endurcis après cela ; ils sont devenus comme des rochers, et encore plus durs. Car, en vérité, les rocs, il en est d'où jaillissent des cours d'eau ; il en est qui se fendent et il en sort de l'eau ; il en est aussi qui s'écroulent par la crainte d'Allah, mais Allah n'est pas inattentif à ce que vous faites.

Dans la Bible ce reproche est suivi d'une promesse que le Coran ignore.

Ezéchiel 36, 26 : « J'ôterai de votre corps le cœur de pierre, et je vous donnerai un cœur de chair ».

LES JUIFS ACCUSES D'AVOIR FALSIFIE LES SAINTES ECRITURES

70. Avez-vous l'ardent désir qu'ils vous croient, alors qu'une partie d'entre eux a déjà entendu la Parole de Dieu, et qu'ils l'ont corrompue après l'avoir comprise, et ils le savaient bien ?

Note de E. Montet au sujet de ce verset : « Voici le sens : Avez-vous vraiment le désir, vous Musulmans, de gagner la confiance des Juifs, qui, après avoir entendu et compris la Parole de Dieu, l'ont altérée, et en faisant cela, ils savaient bien qu'ils l'altéraient. (Mahomet reproche toujours aux Juifs d'avoir faussé le texte de leurs Ecritures Saintes.) »

LES JUIFS ACCUSES D'HYPOCRISIE

71. S'ils rencontrent ceux qui croient (1) ils disent : Nous croyons. Mais si l'un d'entre eux s'entretient à part avec un autre, ils disent : leur parlerez-vous de ce que Dieu vous a fait connaître, afin qu'ils s'en fassent un argument contre vous auprès de votre Seigneur ? Ne le comprenez-vous pas ?

(1) N. du Trad. : « Si des Juifs rencontrent des Musulmans, ils leur disent : nous croyons comme vous ».

Pour la fin de ce verset, le sens est : Les Juifs disent entre eux : ne révélons rien de notre Livre aux Musulmans, de peur qu'ils n'en fassent un argument contre nous.

72. Ne savent-ils pas qu'Allah connaît ce qu'ils tiennent secret et ce qu'ils mettent au grand jour ?

LA BIBLE FALSIFIEE

73. Et quelques-uns d'entre eux, illétrés, ne connaissent pas le Livre, (la Loi), mais seulement de vains contes ; car ils ne font que créer des imaginations. Mais malheur à ceux qui écrivent le Livre de leurs mains, (c'est-à-dire en l'altérant, en le falsifiant), et qui disent alors : « Voilà ce qui vient de Dieu ! » pour gagner avec cela un faible bénéfice. Malheur à eux à cause de ce que leur main a écrit, et malheur à eux à cause du gain qu'ils ont fait.

Les scribes et les docteurs de la Loi n'ont ni altéré ni falsifié le texte du Pentateuque. Au contraire, ils l'ont fidèlement transcrit jusqu'au moindre trait de lettre ou au moindre iota.

(Le iota est la lettre i de l'alphabet grec, correspondant à la lettre (י) de l'alphabet hébraïque. C'est la plus petite lettre de ces alphabets.

Quant au trait de lettre, il distingue, dans l'alphabet hébraïque, une lettre d'une autre. Exemple : (ה) correspond à la lettre H (ח) correspond aux lettres CH. (Voir Matt. 5, 18).

Lorsque les scribes avaient des doutes sur la nature d'une lettre, ils le signalaient.

Jésus n'a jamais reproché aux scribes et aux docteurs de la Loi de falsifier le texte, mais de le transgresser au profit de leur tradition. Matthieu 15, 3.

Cette tradition comprend les commentaires : la Mishna, le Talmud, la Halakha, etc... Elle existe à côté du texte sacré mais n'en fait pas partie.

MAHOMET RESUME LES DIX COMMANDEMENTS

77. Lorsque Nous acceptâmes l'alliance des enfants d'Israël, (Nous leur dîmes) : « Vous n'adorerez que Dieu ; vous serez bons envers vos parents et vos proches, envers les orphelins et

Note d'E. Montet : Mahomet emploie, en parlant des Juifs, les mots classiques musulmans désignant la prière rituelle et l'aumône rituelle.

les pauvres ; vous n'aurez pour les hommes que des paroles de bonté ; soyez assidus à la prière et donnez l'aumône. Alors vous avez tourné le dos, à l'exception d'un petit nombre d'entre vous, et vous vous êtes écartés.

78. Et lorsque Nous reçûmes votre engagement (en ces termes) : « Ne répandez pas votre sang et ne chassez pas vos frères de leurs maisons », alors vous fûtes d'accord (avec nous), et vous en fûtes témoins.

79. Et cependant vous avez été ceux qui tuaient leurs frères et chassaient une partie d'entre vous de leurs maisons, et se montraient à leur égard (pleins) de perversité et d'inimitié...

LES JUIFS REJETTENT LES PROPHETES

81. Nous avons donné à Moïse le Livre (1) et Nous l'avons fait suivre (2) (d'autres) apôtres, et Nous avons donné à Jésus, le fils de Marie, des signes manifestes (3), et Nous l'avons fortifié par le Saint-Esprit (4). Chaque fois qu'un apôtre est venu vers vous avec ce que vos âmes ne désiraient pas, vous vous êtes énorgueillis, et les uns vous les avez accusés de mensonge, et les autres, vous les avez tués.

(1) : le Pentateuque.

(2) : d'autres prophètes ont suivi Moïse.

(3) : Dieu accorda à Jésus la puissance d'opérer des miracles.

(4) : Note d'E. Montet : dans le Coran, le Saint-Esprit, c'est l'ange Gabriel.

Pourquoi employer le pluriel « Nous avons » en parlant au Nom de Dieu, si la doctrine de la Trinité est une erreur ?

DIEU A MAUDIT LES JUIFS

82. Mais ils disent : « Nos cœurs sont incirconcis ». Aussi Allah les a maudits dans leur incrédulité ; car petit est le nombre de ceux qui croient.

DIEU ENVOIE LE CORAN AUX JUIFS

83. (Trad. M. Savary). Après que Dieu leur a envoyé le Coran pour confirmer leurs écritures, (auparavant ils imploraient le secours du ciel contre les incrédules) après qu'ils eurent reçu ce livre qui leur avait été prédit, ils ont refusé d'y ajouter foi ; mais le Seigneur a frappé de malédiction les infidèles (les Juifs).

Les Juifs refusent d'accepter le Coran, qui leur aurait été envoyé pour confirmer les Ecritures...

LES JUIFS REJETTENT LE CORAN PAR JALOUSIE

84. Ils ont malheureusement vendu leur âme pour un vil prix ; ils ne croient point à ce qui est envoyé d'en haut, par jalousie, parce que Dieu, par l'effet de sa grâce, a envoyé un livre à celui d'entre ses serviteurs qu'il lui a plu de choisir. Ils s'attirent de la part de Dieu colère sur colère ; mais un supplice ignominieux est préparé aux impies.

Note d'E. Montet sur ce verset : Mahomet accuse ici les Juifs d'avoir repoussé l'Islam par jalousie, parce que Dieu avait révélé le Coran à Mahomet et que par suite de cela ils n'étaient plus, eux, le peuple élu, l'objet unique des révélations divines.

---

85. Lorsqu'on leur demande : Croyez-vous à ce que Dieu a envoyé du ciel ? Ils répondent : Nous croyons aux écritures que nous avons reçues ; et ils rejettent le livre véritable (le Coran) venu depuis, pour mettre le sceau à leurs livres sacrés. Dis-leur : pourquoi avez-vous tué les prophètes du Seigneur, si vous aviez la foi ?

Mahomet insiste toujours sur le fait que le Coran confirme la Bible, mais que les Juifs ne veulent pas le croire à cause de leur rébellion aux paroles de leurs propres prophètes, alors que c'était à cause de la divergence entre le message dans la bouche de leurs prophètes et celui de Mahomet. Les Juifs avaient de plus compris que cet étranger à leur nation, qui se voulait être « le » prophète, s'efforçait réellement de prendre la place de Celui qu'ils attendaient. En cela, Dieu soit loué, ils ne pouvaient pas se tromper. (Deutéronome 18, 15).

---

86. Moïse parut au milieu de vous environné de prodiges, et, devenus sacrilèges, vous adorâtes un veau.

Le péché du veau d'or n'est reproché que deux ou trois fois dans toute la Bible, alors que pour Mahomet c'est ce reproche qui revient continuellement. Il est vrai cependant qu'Israël commit le péché d'idolâtrie jusqu'à la destruction du premier Temple.

AU MONT SINAI LES JUIFS DECLARENT : NOUS N'OBEIRONS PAS

87. Lorsque nous eûmes formé avec vous une alliance, et que nous eûmes élevé le mont Sinaï, nous fîmes entendre ces mots : Recevez nos lois avec ferveur ; écoutez-les. Le peuple répondit : nous t'avons entendu, et nous n'obéirons pas. Les impies abreuvaient encore, dans leurs cœurs, le veau qu'ils avaient formé. Dis-leur : Viles suggestions que celles que vous inspire votre croyance, si vous en avez une.

Voir note sur le verset 60 de ce même chapitre.

Exode 24, 7 : Moïse prit le livre de l'alliance et le lut en présence du peuple. Ils dirent : Nous ferons tout ce que l'Eternel a dit, et nous obéirons. (Alors que Mahomet affirme le contraire).

Exode 32, 20 : Moïse prit le veau qu'ils avaient fait et le brûla au feu. Il le réduisit en poudre, répandit cette poudre à la surface de l'eau et fit boire les enfants d'Israël.

MAHOMET CONTESTE LE PARADIS AU PEUPLE JUIF

88. Dis-leur : S'il est vrai que vous ayiez dans le paradis un séjour séparé du reste des mortels, osez désirer la mort.

Mahomet assure aux Musulmans qu'ils seront au paradis et que les Juifs et les Chrétiens n'y entreront pas.

89. Ils ne formeront point ce vœu. Leurs crimes les épouvantent et Dieu connaît les pervers.

LES JUIFS ACCUSES DE PREFERER LA VIE TERRESTRE

90. Tu les trouveras plus attachés à la vie que le reste des hommes, plus que les idolâtres

même. Quelques-uns d'eux voudraient vivre mille ans : mais ce long âge ne les arracherait pas au supplice qui les attend, parce que l'Eternel voit leurs actions.

L'ENTREE DU PARADIS CONTESTEE EGALEMENT AUX CHRETIENS

105. Les Juifs et les Chrétiens se flattent qu'eux seuls auront l'entrée au paradis. Tels sont leurs désirs. Dis-leur : Apportez des preuves si vous êtes sincères.

JUIFS, CHRETIENS ET GENTILS S'ACCUSENT MUTUELLEMENT D'IGNORANCE

107. Les Juifs assurent que la croyance des Chrétiens n'est appuyée sur aucun fondement ; les Chrétiens leur font la même objection ; cependant les uns et les autres ont lu les livres sacrés. Les Gentils, qui ignorent leurs débats, tiennent à leur égard le même langage. Dieu, au jour dernier, jugera leurs différends.

SEULE SOLUTION A LEURS DIFFERENTS : L'ISLAM

129. Les Juifs et les Chrétiens disent : Embrassez notre croyance, si vous voulez être dans le chemin du salut. Répondez-leur : Nous suivons la foi d'Abraham, qui refusa de l'encens aux idoles et n'adora qu'un Dieu.

CREDO DE L'ISLAM

130. Dites : Nous croyons en Dieu, au livre qui nous a été envoyé, à ce qui a été révélé à

Les arguments de Mahomet nous rappellent les paroles de l'apôtre Paul : « Ils veulent être

Abraham, Ismaël, Isaac, Jacob, et aux douze tribus ; nous croyons à la doctrine de Moïse, de Jésus et des prophètes ; nous ne mettons aucune différence entre eux, et nous sommes musulmans.

docteurs de la loi et ils ne comprennent ni ce qu'ils disent ni ce qu'ils affirment ». (I Timothée 1, 7).

---

131. Si les Chrétiens et les Juifs ont la même croyance, ils sont dans la même voie. S'ils s'en écartent, ils feront un schisme avec toi. Mais Dieu te donnera la force pour les combattre, parce qu'il entend et comprend tout.

Mahomet veut dire ceci : Si la loi des Chrétiens et des Juifs est conforme à celle de l'Islam, alors ils sont dans le vrai. Mais si elle diffère, elle cause des divisions et Dieu promet au prophète la « force » pour les combattre.

LES PATRIARCHES N'ETAIENT PAS JUIFS...

134. Direz-vous qu'Abraham, Ismaël, Isaac, Jacob, et les tribus d'Israël, étaient Juifs ou Chrétiens ? Réponds : Etes-vous plus savants que Dieu ? Quoi de plus criminel que de cacher le témoignage de Dieu ! Croit-on qu'il voit avec indifférence les actions des hommes ?

---

141. Les Chrétiens et les Juifs connaissent le prophète comme leurs enfants ; mais la plupart cachent la vérité qu'ils connaissent.

Note d'E. Montet : Mahomet accuse ici les Juifs et les Chrétiens de cacher volontairement la vérité qu'ils connaissent, à savoir que la venue de Mahomet a été annoncée par les Livres saints juifs et chrétiens.

* * *

L'ISLAM SEULE RELIGION

Chapitre 3. (Traduction M. Savary).

17. La religion de Dieu est l'Islamisme. Ceux qui ont reçu la loi écrite ne se sont divisés

Note de M. Savary : « Suivant les Mahométans la religion que tous les apôtres ont reçue du ciel est l'Islamisme. Elle est fondée sur l'unité de Dieu ».

que lorsqu'ils en ont eu connaissance. L'envie leur soufflait son poison ; mais celui qui refusera de croire aux prodiges de Dieu, éprouvera qu'il est exact dans ses jugements.

18. Dis à ceux qui disputeront avec toi : J'ai livré mon cœur à Dieu ; ceux qui suivent ma croyance ont imité mon exemple.

19. Dis à ceux qui ont reçu les Ecritures, et aux aveugles : Embrassez l'Islamisme et vous serez éclairés. S'ils sont rebelles, tu n'es chargé que de la prédication. Dieu sait distinguer ses serviteurs.

Mahomet prétend que les discussions entre Chrétiens et Juifs n'ont commencé qu'après sa venue. Ceci n'est pas exact. Elles ont commencé six siècles avant, et à cause de Jésus. Pour les uns, il est le Messie d'après les prophéties, pour les autres il ne l'est pas. Mais nulle part dans les Ecritures il ne s'agit de Mahomet. L'Islam n'offre d'autre solution à ces discussions que celle de remplacer la Bible par le Coran.

AIMER DIEU ET SUIVRE MAHOMET. PARDON DES PECHES

29. Dis-leur : Si vous aimez Dieu, suivez-moi. Il vous aimera : il vous pardonnera vos péchés : il est indulgent et miséricordieux. Obéissez à Dieu et à son apôtre ; ne vous écartez pas de lui ; il hait les rebelles.

« suivez-moi » c.-à-d. « suivez Mahomet » et vous aurez le pardon de vos péchés. (!)

UNITE DE RELIGION

57. Dis aux Juifs et aux Chrétiens : terminons nos différends : n'adorons qu'un Dieu, ne lui donnons point d'égal : qu'aucun de vous n'ait d'autre... que lui. S'ils refusent d'obéir, dis-leur : Vous rendrez témoignage que nous sommes croyants.

En résumé : Rejetons les Ecritures, la doctrine du Fils de Dieu, la Rédemption par son sacrifice, pour n'avoir qu'une religion, l'Islam. L'idée de l'œcuménisme est très vieille. Elle est toujours proposée par ceux qui ignorent ou contredisent les Ecritures.

ABRAHAM N'ETAIT NI JUIF NI CHRETIEN

58. Vous qui savez l'Ecriture, pourquoi faites-vous d'Abraham le sujet de vos disputes ? Le Pentateuque et l'Evangile ne

L'apôtre Paul nous fait découvrir dans l'épître aux Romains (ch. 4), les révélations que Dieu fit à Abraham, (dont

sont venus qu'après lui. L'ignoriez-vous donc ?

59. Après que des matières dont vous êtes instruits ont été l'objet de vos débats, pourquoi disputez-vous sur celles dont vous n'avez aucune connaissance ? Dieu sait, et vous ne savez pas.

le nom signifie « père d'un grand nombre de nations »), concernant le salut qu'il réserve aux hommes, par le moyen de sa postérité, c'est-à-dire le Messie.

Mahomet montre ainsi son ignorance de ces desseins divins.

---

60. Abraham n'était ni juif ni chrétien. Il était Hanéfite, musulman, et n'était pas de ceux qui associent.

Je traduis littéralement ce verset du Coran en Arabe.

« Hanéfite » signifie « méticuleux » « ceux qui associent » : sous-entendu : « ceux qui associent d'autres dieux au Dieu unique ». Ceci est dirigé contre ceux qui affirment la Déité de Jésus.

« L'Islam » veut dire « la résignation », sous-entendu « à la volonté de Dieu », et « Musulman », signifie « résigné ». La résignation à la volonté de Dieu est à la base même de l'enseignement biblique. Mais dans le Coran, la résignation, (l'Islam), devint le nom de la nouvelle religion fondée par Mahomet.

Note d'E. Montet : « dans ce verset 60, Mahomet rattache directement sa mission divine à la personnalité d'Abraham, qu'on pourrait appeler historiquement, au point de vue musulman, le premier croyant », c.-à-d. musulman.

SEULS MAHOMET ET LES MUSULMANS SONT LES IMITATEURS D'ABRAHAM

61. Ceux qui professent la religion d'Abraham, suivent de plus près ses traces. Tel est le prophète et ses disciples. Dieu est le chef des croyants.

62. Une partie de ceux qui savent les Ecritures ont voulu vous séduire ; mais ils se sont abusés eux-mêmes ,et ils ne le sentent pas.

POURQUOI, VOUS JUIFS ET CHRETIENS, NE CROYEZ-VOUS PAS EN MOI ?

63. O vous qui avez reçu le livre de la Loi, pourquoi ne croyez-vous pas aux prodiges de Dieu, puisque vous en avez été témoins ?

64. O vous qui avez reçu le livre de la Loi, pourquoi couvrez-vous la vérité du mensonge ? Pourquoi la cachez-vous quand vous la connaissez ?

« Les prodiges de Dieu » sont Mahomet et son livre, le Coran. Mahomet ne voyait pas la raison de son rejet par « les gens du Livre » en tant qu'envoyé de Dieu. Quel dialogue de sourds ! Quelle confusion due au « père du mensonge », le diable !

MAHOMET REPROCHE AUX JUIFS LEUR RUSE

65. Une partie de ceux qui ont reçu les Ecritures ont dit : Ayez le matin la croyance des fidèles, et rejetez-la le soir afin de les attirer à l'incrédulité.

Note d'E. Montet : Ce passage ferait allusion au stratagème imaginé par certains Juifs qui simulaient leur conversion à l'Islam et déclaraient ensuite qu'après examen de la nouvelle religion à la lumière de leur foi, ils n'y trouvaient aucune confirmation de l'Islam. Par là, ils espéraient troubler les croyants et faire naître dans leur esprit des doutes sur la foi nouvelle.

IL Y A AUSSI DES BONS PARMI LES JUIFS

68. Il est des Juifs à qui tu peux confier la somme d'un talent. Il te sera fidèlement rendu. Il en est d'autres des mains desquels tu n'arracheras qu'avec peine un denier que tu leur aurais prêté.

Ceci est bien vrai, mais de tous les hommes également. Cependant, les Juifs en tant que peuple de Dieu, sont plus à blâmer que les hommes en général. Cela est vrai aussi pour les disciples de Jésus. (Matt. 5, 13 et 14).

---

69. La loi ne nous ordonne pas, disent-ils, d'être justes avec les infidèles. Ils mentent à la face du ciel et ils le savent !

Ce blâme, hélas ! est bien mérité.

72. Quelques-uns d'entre eux corrompent le sens des Ecritures, et veulent vous faire croire que c'est le véritable. Ils vous disent que c'est la Parole de Dieu. Ils prêtent un mensonge au Très-Haut et ils le savent !

Allusion, peut-être, aux préceptes ajoutés à la loi par les scribes et les pharisiens, ce que Moïse défendit en Deut 2, mais dont ils ne tenaie. compte. (Matthieu 15, 3).

AUCUN ENVOYE DE DIEU N'A LE DROIT D'ETRE ADORE

73. Il ne faut pas que celui à qui Dieu a donné le livre, la sagesse et le don de prophétie, dise aux hommes : Soyez mes serviteurs, (ou selon d'autres traducteurs « mes adorateurs »), mais soyez les serviteurs de Dieu, puisque vous étudiez la doctrine du Livre et que vous vous efforcez de la comprendre.

Mahomet attaque ici indirectement la Seigneurie de Jésus. Ecoutons plutôt ce que dit Jésus lui-même : « Comme les pharisiens étaient assemblés, Jésus les interrogea en disant : Que pensez-vous du Messie ? De qui est-il fils ? Ils lui répondirent : De David. Et Jésus leur dit : Comment donc David, animé par l'Esprit, l'appelle-t-il « Seigneur », lorsqu'il dit : Le Seigneur a dit à mon Seigneur : Assieds-toi à ma droite, jusqu'à ce que je fasse de tes ennemis ton marchepied ? Si donc David l'appelle Seigneur, comment est-il son fils ? » Matt. 22, 41 à 45.

« Vous m'appelez Maître et Seigneur, et vous dites bien, car je le suis. » Jean 13, 13.

« Que toute la maison d'Israël sache donc avec certitude que Dieu a fait Seigneur et Messie ce Jésus que vous avez crucifié. » Actes 2, 36.

---

74. Dieu ne vous commande pas d'adorer les anges et les prophètes. Vous ordonnerait-il l'impiété à vous (Musulmans) qui avez la foi ?

POURQUOI NE CROYEZ-VOUS PAS AU PROPHETE...

93. (Traduction d'E. Montet). Dis : O peuple du Livre (les Juifs) ! Pourquoi ne croyez-vous pas aux signes d'Allah, (la venue de Mahomet) ? Or Allah est témoin de ce que vous faites.

LES JUIFS COMBATTENT L'ISLAM

94. O peuple du Livre ! Pourquoi détournez-vous de la voie d'Allah celui qui croit ? Vous vous efforcez de la rendre tortueuse et cependant vous en êtes témoins ! Mais Allah n'est pas inattentif à ce que vous faites.

95. O vous qui croyez ! Si vous obéissez à quelques-uns de ceux qui ont reçu le Livre, ils vous rendront incroyants, après que vous avez été des croyants.

LES MUSULMANS, DESORMAIS, « PEUPLE ELU »

106. Vous (Musulmans) êtes le meilleur des peuples sortis du milieu des hommes. Vous ordonnez ce qui est convenable, vous défendez ce qui est odieux et vous croyez en Allah. Si le peuple du Livre (les Juifs) avait cru, cela aurait été meilleur pour eux. Il y a des croyants parmi eux ; mais la plupart sont des impies.

Mahomet attribue ici aux Musulmans ce que Dieu déclara à Israël : « Tu es un peuple saint pour l'Eternel ton Dieu ; et l'Eternel ton Dieu t'a choisi pour que tu fusses un peuple qui lui appartînt entre tous les peuples qui sont sur la face de la terre ». Deutéronome 14, 2.

« LES JUIFS FUIRONT DEVANT NOUS »

107. Ils ne vous nuiront pas, mais ne vous feront qu'un léger dommage. S'ils vous combattent, ils vous tourneront le dos. (...!) Alors ils ne seront pas secourus.

Cette déclaration « inspirée » est incompatible avec la résurrection d'Israël en notre XXe siècle.

LES JUIFS MAUDITS A MOINS QU'ILS N'ACCEPTENT L'ISLAM

108. L'abaissement les frappera partout où ils se trouveront, à moins qu'il n'y ait pour eux l'Alliance d'Allah et l'alliance des hommes (1). Ils s'attireront la colère d'Allah et la pauvreté les frappera aussi. C'est parce que, en vérité, ils ont été incroyants aux signes d'Allah et qu'ils ont tué les prophètes injustement. C'est parce qu'ils ont été rebelles et qu'ils ont commis des iniquités.

(1) Note d'E. Montet : « A moins qu'ils n'adoptent l'Islam ou qu'ils paient le tribut imposé ».

IL Y A AUSSI DES BONS PARMI « LES GENS DU LIVRE »...

109. Ils ne sont pas tous semblables. Parmi les gens du Livre, (les Juifs), ils en est qui sont droits : ils récitent les enseignements de Dieu (1) pendant toute la nuit et ne cessent d'adorer Dieu.

(1) Note de George Sale pour « enseignements de Dieu » : « le Coran ».

110. Ils croient en Dieu et au jour dernier. Ils ordonnent ce qui est convenable et défendent ce qui est odieux. Ils rivalisent dans les bonnes œuvres. Ceux-là sont du nombre des vertueux.

COLERE CONTRE LES JUIFS

115. C'est vous qui les aimez ; mais eux ne vous aiment pas. Vous croyez au Livre entier. Mais eux, quand ils vous rencontrent, disent : Nous croyons ! Et lorsqu'ils s'en vont, de rage, ils mordent le bout de leurs doigts à votre intention. Dis-leur : Mourez de votre rage ! En vérité, Allah connaît la nature des cœurs.

LA HAINE DES JUIFS SEMEE DANS LES CŒURS DES MUSULMANS

116. Si le bonheur vous touche, cela est mauvais pour eux. Mais si le malheur vous atteint, ils s'en réjouissent. Mais si vous avez de la patience, et si vous craignez Allah, leurs ruses ne vous feront pas de mal. Car, en vérité, Allah embrasse de sa science ce qu'ils font.

DISCUSSIONS ANIMEES ENTRE MAHOMET ET LES JUIFS

179. A ceux qui disent : En vérité, Dieu nous a témoigné que nous ne devons croire à un prophète que s'il nous présente un sacrifice que le Feu a dévoré.

Mahomet fait allusion ici à ce qui est rapporté dans I Rois 18, 38 et 39, où le feu descendit du ciel à la prière d'Elie. Mais cela arriva uniquement pour prouver au peuple d'Israël assemblé au Carmel que Baal n'était point Dieu : « Et le feu de l'Eternel tomba, et il consuma l'holocauste, le bois, les pierres et la terre, et il absorba l'eau qui était dans le fossé.

Quand tout le peuple vit cela, ils tombèrent sur leur visage et dirent : C'est l'Eternel qui est Dieu ! ».

---

180. (Traduction M. Savary.) Réponds-leur : Vous aviez des prophètes avant moi. Ils ont opéré des miracles, celui-là même dont vous parlez. Pourquoi avez-vous teint vos mains dans leur sang, si vous dites la vérité.

---

181. (Traduction E. Montet.) S'ils te traitent de menteur (toi, Mahomet), les apôtres venus avant toi ont aussi été traités de menteurs. Et cependant ils étaient venus avec des signes

évidents, avec les Psaumes et avec le Livre qui illumine, (l'Evangile).

LES JUIFS N'ONT PAS FAIT CONNAITRE LA TORAH AUX NATIONS

184. (Traduction M. Savary.) Dieu reçut l'alliance des Juifs à condition qu'ils manifesteraient le Pentateuque, et qu'ils ne cacheraient point sa doctrine. Ils l'ont jeté avec dédain et ils l'ont vendu pour un vil intérêt. Malheur à ceux qui l'ont vendu !

Cette accusation est vraie. Israël n'a pas voulu divulguer la Parole de Dieu, mais l'a gardée uniquement pour lui. Il est vrai aussi que ce peuple a mis la Loi de son Dieu de côté. Mais les Juifs n'ont jamais vendu la Torah, leur unique trésor, et encore moins pour un vil prix !

QUELQUES JUIFS ET QUELQUES CHRETIENS ONT CRU EN L'APOSTOLAT DE MAHOMET

198. Parmi les Juifs et les Chrétiens, ceux qui croient en Dieu, aux Ecritures, au Coran, et qui se soumettent à la volonté du ciel, ne vendent point sa doctrine pour un vil intérêt.

* * *

MAHOMET INSPIRE LA HAINE DES JUIFS A SES DISCIPLES

Chapitre 4.

47. N'avez-vous pas remarqué les Juifs ? Ils vendent l'erreur, et voudraient vous faire quitter le droit chemin. Mais le Seigneur connaît vos ennemis. Sa protection puissante est un asile assuré contre leur malice.

---

48. (Traduction E. Montet.) Parmi ceux qui sont Juifs, il en est qui ôtent les paroles de leurs places et qui disent : Nous avons entendu, mais nous n'avons pas obéi. Et toi, entends sans écouter.

Les Juifs, d'après Mahomet, citaient les textes du Pentateuque à leur guise. Par exemple, au lieu de produire le texte d'Exode 24, 7 : « Il prit le livre de l'alliance et le lut en présence du peuple. Ils dirent : Nous

Et ils disent « Râ'inâ » en tordant ce mot avec leur langue et en calomniant la religion.

ferons tout ce que l'Eternel a dit et nous obéirons », ils auraient dit : « Nous avons entendu, mais nous n'avons pas obéi ». La phrase suivante : « Et toi, entends sans écouter », littéralement : « sans comprendre ce que nous disons », d'après G. Sale (le Coran page 59, note F), montre que les Juifs, parlant des Ecritures, l'auraient fait de telle façon que Mahomet n'y aurait rien compris, n'étant pas en mesure de les lire lui-même.

« Râ'inâ » signifie en arabe : « Considère-nous ». C'est une formule de salutation. Les Juifs, paraît-il, usaient de cette formule d'une manière perfide, en la faisant dériver dans leur pensée du radical hébreu râ'a', être méchant, malfaisant, mécontent, ce qui impliquait dans la formule de salut, un souhait de malheur.

(Cette explication de « Râ'inâ » est de Montet.)

LES JUIFS MAUDITS PAR DIEU

49. Ah ! S'ils disaient : nous avons entendu mais nous avons obéi, et toi, écoute et regarde-nous, cela aurait été bien meilleur pour eux, et bien plus droit ! Mais Allah les a maudits dans leur incrédulité, car ils ne veulent pas croire, excepté un petit nombre. (Trad. Montet.)

LES JUIFS TRANSFORMES EN SINGES

50. O vous qui avez reçu le Livre ! Croyez à ce que nous avons révélé confirmant ce que vous aviez auparavant ! Avant que Nous effacions vos visages

Allusion à ceux qui devinrent des « singes ignobles », au chapitre 2, verset 61 du Coran.

et que Nous les tournions de l'autre côté, ou que Nous vous maudissions comme Nous avons maudit les compagnons du Sabbat, lorsque l'ordre d'Allah fut exécuté.

« Ce que nous avons révélé confirmant ce que vous aviez auparavant » : autrement dit « le Coran confirme la Bible ».

LES JUIFS CROIENT A LA MAGIE...

54. (Traduction Savary.) N'avez-vous pas remarqué les erreurs des Juifs ? Ils croient au Gebet et Tagot, et ils soutiennent que la doctrine des infidèles est plus saine que celle des croyants.

Les Juifs préfèreraient les idolâtres aux disciples de Mahomet.

« Gebet » et « Tagot » étaient deux des idoles adorées par les Coreishistes, (tribu de laquelle est sorti Mahomet).

...ET SONT MAUDITS

55. Ils sont couverts de la malédiction divine. Qui pourra protéger ceux que le ciel a maudits ?

LES JUIFS, AVARES, EXCLUS DU ROYAUME DE DIEU

56. Auront-ils leur part dans le royaume céleste, eux qui regretteraient une obole donnée à leurs semblables ?

---

57. Envieront-ils les bienfaits du Seigneur ? Nous avons donné à la postérité d'Abraham les Ecritures, la sagesse et la possession d'un grand royaume.

« Postérité d'Abraham » : Mahomet et les Musulmans. « les Ecritures » : le Coran.

LE FEU DE LA GEHENNE ATTEND CEUX QUI NE CROIENT PAS AU PROPHETE

58. Parmi eux, les uns croient au prophète, les autres sont rebelles à sa voix ; mais le feu de l'enfer suffira à leurs crimes.

PAS DE DIFFERENCE ENTRE LES PROPHETES ET MAHOMET

149. Ceux qui, rebelles à Dieu et à leurs envoyés, veulent mettre de la différence entre eux, croyant aux uns, et niant la mission des autres, se font une religion (voie) arbitraire.

---

150. Ceux-là sont les vrais infidèles, destinés à subir un supplice ignominieux.

151. Mais ceux qui croiront en Dieu et en ses envoyés indistinctement, seront récompensés, parce que le Seigneur est indulgent et miséricordieux.

On voit que Mahomet désirait être considéré autant que les autres prophètes d'Israël et il menaçait des foudres divines les Juifs qui ne voulaient ni ne pouvaient l'accepter.

REPROCHES AUX JUIFS

152. Fais-nous descendre un livre du ciel, diront les Juifs. Ils demandèrent davantage à Moïse quand ils le prièrent de leur faire voir Dieu manifestement. La foudre consuma les téméraires. Ensuite ce peuple pervers adora un veau, après avoir été témoin des merveilles du Tout-Puissant. Nous leur pardonnâmes, et nous donnâmes à Moïse la puissance des miracles.

Ce n'est pas le peuple qui demanda à voir Dieu, mais Moïse. Exode 33, 18 : « Moïse dit : Fais-moi voir ta gloire ! » Et Exode 34, 5 : « L'Eternel descendit dans une nuée, se tint là auprès de lui et proclama le nom de l'Eternel ». Par contre, le peuple dit à Moïse, en Ex. 20, 19 : « Parle-nous toi-même et nous écouterons. Mais que Dieu ne nous parle point, de peur que nous ne mourions ».

Certains saints de l'Ancienne comme de la Nouvelle Alliance ont désiré voir Dieu face à face, mais en Esprit. Exemples : Jean 14, 8 : « Philippe lui dit : Seigneur, montre-nous le Père et cela nous suffit ». Psaume 17, 15 où David dit : « Pour moi, dans mon innocence, je verrai ta face ». Matthieu 5, 8 : « Heureux ceux qui ont le cœur pur, car ils verront Dieu ».

ISRAEL, LE PEUPLE DE L'ALLIANCE

153. Nous élevâmes le mont Sinaï pour gage de notre alliance. Nous leur ordonnâmes d'entrer dans la ville sainte en adorant le Seigneur, et nous leur défendîmes de violer le Sabbat. Ils nous firent un pacte solennel.

Voici, en langage clair dans le Coran, le droit du peuple juif au pays d'Israël, au Proche-Orient. Pourquoi les Musulmans le contestent-ils ? S'il est vrai que Dieu les avait chassés de là à cause de leur transgression de Sa Loi, il n'en est pas moins vrai qu'Il leur avait promis de les y ramener, et c'est ce qu'Il est en train de faire en ce moment. Jérémie 24, 4 à 7.

D'APRES MAHOMET, LES JUIFS S'ACCUSENT EUX-MEMES : « NOS CŒURS SONT INCIRCONCIS »

154. Ils ont violé leur alliance et refusé de croire à la doctrine divine (Parole de Dieu). Ils ont injustement massacré les prophètes et ont dit : Nos cœurs sont incirconcis. Dieu a imprimé sur leur front le sceau de leur perfidie (incrédulité). Parmi eux il n'y a qu'un petit nombre de croyants.

CALOMNIE CONTRE MARIE, MERE DE JESUS

155. A l'infidélité ils ont joint la calomnie contre Marie (mère de Jésus).

CE N'EST PAS JESUS QUI FUT CRUCIFIE MAIS UN AUTRE SEMBLABLE A LUI

156. Ils ont dit : Nous avons fait mourir Jésus, le Messie, fils de Marie, envoyé de Dieu. Ils ne l'ont point mis à mort. Ils ne l'ont point crucifié. Un corps fantastique a trompé leur barbarie. Ceux qui disputent à ce sujet n'ont que des doutes. La

Muhammad Hamidullah traduit « Un corps fanstastique a trompé leur barbarie » par « on leur a apporté quelque chose de ressemblant ».

Les Musulmans opposent unanimement ce verset à la prédi-

vraie science ne les éclaire point. C'est une opinion qu'ils suivent. Ils n'ont pas fait mourir Jésus. Dieu l'a élevé à Lui parce qu'il est puissant et sage.

cation de l'Evangile. I Cor. 15, 4. « ...Christ est mort pour nos péchés, selon les Ecritures ».

---

157. (Traduction E. Montet.) Il n'y aura personne du peuple du Livre (les Juifs et les Chrétiens) qui ne croie en lui avant sa mort ; et au jour du jugement, il sera un témoin contre eux.

Note d'E. Montet : « Le sens de ce verset obscur paraît être : Le peuple du Livre a cru et croira que c'est bien Jésus qui a été crucifié. Mais Jésus, qui n'a pas été crucifié en réalité, témoignera contre eux, au jour du jugement, que ce n'est pas lui qui est mort, mais que les Juifs ont crucifié un homme qui lui ressemblait ».

D'après G. Sale, (le Coran page 71, note Q), ce passage peut être expliqué ainsi :

« Aucun Juif ou Chrétien ne mourra sans avoir cru en Jésus, car, disent les Musulmans, quand l'un ou l'autre sera près de mourir et qu'il verra l'ange de la mort, il croira en Jésus, mais il sera trop tard. Selon la tradition de Hejaj, lorsqu'un Juif est à l'agonie, les anges le frappent sur le dos ou sur la face en lui disant : ô toi, ennemi de Dieu, Jésus t'a été envoyé comme prophète et tu n'a pas cru en lui. Le Juif leur répondra : maintenant je crois qu'il a été le serviteur de Dieu.

Quand un chrétien est à l'agonie, ils lui disent : Jésus t'a été envoyé comme prophète. Et toi tu t'es imaginé qu'il était Dieu. Le chrétien lui répondra qu'il croit maintenant qu'il n'a été qu'un serviteur et un apôtre. »

D'autres commentateurs pensent que ce verset veut dire que

tous les Juifs et tous les Chrétiens auront enfin une conception juste de Jésus, c'est-à-dire qu'il n'est qu'un prophète et qu'il ne mourra pas avant de revenir du ciel pour tuer l'antichrist et établir la religion de l'Islam avec une paix parfaite sur la terre. Puis il mourra.

LES JUIFS DESORMAIS PRIVES DES GRACES DIVINES

158. (Traduction M. Savary.) Nous avons retiré nos grâces des Juifs, parce qu'ils ont été perfides, et qu'ils écartent leurs semblables des voies du salut.

MAHOMET ANNONCE AUX JUIFS DE TERRIBLES CHATIMENTS

159. Ils ont exercé l'usure qui leur avait été défendue, et consumé injustement l'héritage d'autrui. Nous avons préparé des châtiments terribles à ceux d'entre eux qui sont infidèles.

Dieu, en effet, a châtié Israël, et d'une manière extrêmement sévère. L'Islam même a été un châtiment pour eux.

LA CLEMENCE DIVINE POUR LES JUIFS QUI ACCEPTERAIENT L'ISLAM

160. Mais les Juifs qui sont fermes dans la foi, qui croient au Coran, au Pentateuque, qui font la prière et l'aumône, qui croient en Dieu et au Jour dernier, recevront une récompense éclatante.

MAHOMET, ET MEME ISMAEL, PARMI LES PROPHETES

161. Nous t'avons inspiré (toi Mahomet) comme nous inspirâmes Noé, les Prophètes, Abraham, Ismaël, Isaac, Jacob, les Tribus, Jésus, Job, Jonas, Aaron et Salomon. Nous donnâmes à David les Psaumes.

VOUS POUVEZ EPOUSER DES FILLES JUIVES

Chapitre 5.

7. Aujourd'hui on vous a ouvert la source des biens. La nourriture des Juifs vous est licite. La vôtre leur est permise. Vous pouvez épouser les filles libres des fidèles et des Juifs, pourvu que vous les dotiez. Mais il vous est défendu de vivre avec elles dans la débauche et de les avoir comme courtisanes. Celui qui trahira sa foi perdra le fruit de ses bonnes œuvres et sera dans l'autre monde au nombre des réprouvés.

La nourriture juive et les femmes juives sont permises aux Musulmans. Mais la Bible ne dit pas ainsi. Deutéronome 7, 3 : « Tu ne contracteras point de mariages avec ces peuples. Tu ne donneras point tes filles à leurs fils et tu ne prendras point leurs filles pour tes fils ».

DIEU CONTRACTA UNE ALLIANCE AVEC LES MUSULMANS

10. Souvenez-vous donc des bienfaits du Seigneur. Gardez l'alliance qu'il contracta avec vous, quand vous dîtes : Nous avons entendu et nous avons obéi. Craignez le Très-Haut. Il sonde le fond des cœurs.

Mahomet s'adresse ici aux musulmans, mais emploie le langage du peuple juif.

Exode 24, 3 : « Moïse vint rapporter au peuple toutes les paroles de l'Eternel et toutes les lois. Le peuple entier répondit d'une même voix : Nous ferons tout ce que l'Eternel a dit ». Exode 24, 7 : « Il prit le livre de l'alliance et le lut en présence du peuple. Ils dirent : Nous ferons tout ce que l'Eternel a dit et nous obéirons ».

L'ALLIANCE ENTRE DIEU ET ISRAEL, SELON MAHOMET

15. Dieu reçut l'alliance des enfants d'Israël. Il leur donna douze chefs et leur dit : Je serai avec vous. Observez la prière ! faites l'aumône ; croyez en mes envoyés ; aidez-les ; employez vos richesses pour la défense de la religion sainte. J'expierai vos offenses ; je vous introduirai dans les jardins où coulent des

Les préceptes que selon Mahomet Dieu ordonna à Israël sont ceux de l'Islam : prière, aumône, guerre sainte et foi en tous ses envoyés (y compris Mahomet).

fleuves. Celui qui, après ces avertissements, refusera de croire, marchera dans le chemin de l'erreur.

AIE (O MAHOMET) POUR EUX (LES JUIFS) DE L'INDULGENCE

16. Ils violèrent leur pacte et ils furent maudits. Nous avons endurci leurs cœurs. Ils corrompent les écritures sacrées. Ils en cachent une partie. Tu ne cesseras de manifester leur fraude. Presque tous en sont coupables. Maie aie pour eux de l'indulgence. Dieu aime les bienfaisants.

« Ils en cachent une partie. » Accusation selon laquelle les Juifs auraient caché des textes bibliques prédisant la venue de Mahomet. On peut se demander d'où venait la présomption de Mahomet qui affirmait que Moïse et les Prophètes, et même le Nouveau Testament, avaient parlé de lui. Au chapitre 61 du Coran, verset 6, nous lisons : « Je suis l'apôtre de Dieu, répétait aux Juifs Jésus, fils de Marie. Je viens confirmer la vérité du Pentateuque qui m'a précédé, et vous annoncer l'heureuse venue du prophète qui me suivra. Ahmed est son nom ».

Note de M. Hamidullah sur ce verset du Coran :

« Cette prédiction que le Coran met dans la bouche de Jésus rejoint celle que St Jean rapporte. Jean 14, 16 : Je prierai le Père et il vous donnera un autre Directeur. (Le mot « Parakletos », que les Chrétiens traduisent par « Consolateur » signifie également « Directeur »... La tradition musulmane entend donc là, de la bouche de Jésus, l'annonce de Mahomet. Signalons qu'un auteur du VIIIe siècle, Ibn Ishâc, cite le passage de Jean 14, 16 pour dire que « Biriklutus » en langue des Roum, signifie « Mahomet »... D'après ce commentaire, il est aisé de voir qui corrompt les Ecritures.

MAHOMET REPROCHE AUX CHRETIENS LEURS DIVISIONS

17. Nous avons reçu l'alliance des Chrétiens ; mais ils ont oublié une partie de nos commandements. Nous avons semé entre eux la discorde et la haine. Elles ne s'éteindront qu'au jour de la résurrection. Bientôt Dieu leur montrera ce qu'ils ont fait.

Note de E. Montet : « Même jugement d'une sévérité inouïe, comme pour les Juifs. D'après ces jugements portés par Mahomet sur les Juifs et les Chrétiens, ce chapitre 5 est un des derniers écrits du Coran. Mahomet, à la fin de sa carrière, ne voyait plus dans les Juifs et les Chrétiens que des adversaires ».

L'ISLAM ET LE CORAN, LUMIERE DU MONDE

18. O vous, qui reçûtes le livre de la Loi ! Notre envoyé vous a dévoilé beaucoup de passages que vous cachiez ; il est indulgent sur beaucoup d'autres. La lumière vous est descendue des cieux avec le Coran. Dieu s'en servira pour conduire dans le sentier du salut ceux qui suivront sa volonté. Il les fera passer des ténèbres à la lumière, et les conduira dans le droit chemin.

C'est parce que la lumière de l'Evangile était presque éteinte en ce temps-là que Mahomet a pu dire ces paroles.

JESUS N'EST PAS DIEU

19. Ceux qui disent que le Messie, fils de Marie, est Dieu, sont infidèles. Réponds-leur : Qui pourrait arrêter le bras de Dieu s'il voulait perdre le Messie, fils de Marie, sa mère et tous les êtres créés ?

Hébreux 1, 2 : « Dieu dans ces derniers temps nous a parlé par le Fils, qu'il a établi héritier de toutes choses, par Lequel il a aussi créé le monde ».

20. Dieu est le souverain des cieux, de la terre et de l'immensité de l'espace. Il tire à son gré les êtres du néant parce que sa puissance est infinie.

Hébreux 1, 3 : « Jésus ...qui, étant le reflet de sa gloire et l'empreinte de sa personne, et soutenant toutes choses par sa parole puissante, a fait la purification des péchés et s'est assis à la droite de la majesté divine dans les lieux très hauts.

MAHOMET S'OPPOSE AU TERME « ENFANTS DE DIEU »

21. Nous sommes les enfants chéris de Dieu, disent les Juifs et les Chrétiens. Réponds-leur : Pourquoi vous punit-il donc de vos crimes ? Vous êtes une portion des hommes qu'il a créés. Il pardonne ou châtie à son gré. Les cieux, la terre, l'univers, composent son domaine. Il est le terme où tout doit aboutir.

Deutéronome 14, 1 : « Vous êtes les enfants de l'Eternel votre Dieu ». Jean 1, 12 : « A ceux qui l'ont reçu, à ceux qui croient en son nom, il a donné le pouvoir de devenir enfants de Dieu ». Hébreux 12, 6 et 7 : « Le Seigneur châtie celui qu'il aime, et il frappe de la verge tous ceux qu'il reconnaît pour ses fils. Supportez le châtiment. C'est comme des fils que Dieu vous traite ; car quel est le fils qu'un père ne châtie pas ? ».

PAS D'ARRET DANS L'ENVOI DES PROPHETES. L'UN D'EUX, MAHOMET, EST AU MILIEU DE VOUS

22. O vous qui reçûtes les Ecritures ! Notre apôtre va vous éclairer sur la cessation des prophètes. Vous ne direz plus : Ils ont cessé, ces jours où les ministres du ciel venaient nous annoncer ses menaces et ses promesses. Un d'eux est au milieu de vous, parce que la puissance de Dieu est sans bornes.

« Cessation des prophètes » : Mahomet insiste dans le Coran sur ce que Dieu n'a cessé d'envoyer, à des époques différentes et à intervalles plus ou moins longs, ses prophètes. Autrement dit : Il y a un temps où Dieu est silencieux. Puis Il interrompt ce silence et envoie un prophète. C'est ce qu'Il a fait lorsqu'Il a envoyé Mahomet. Mais nous lisons dans l'épître aux Hébreux 1, 1 et 2 : « Après avoir autrefois, à plusieurs reprises et de plusieurs manières, parlé à nos pères par les prophètes, Dieu, dans ces derniers temps, nous a parlé par le Fils ».

ELECTION DIVINE DU PEUPLE JUIF

23. Lorsque Moïse dit aux enfants d'Israël : Souvenez-vous des grâces que vous avez reçues de Dieu ; Il vous a envoyé les prophètes ; Il vous a donné des rois et vous a accordé des faveurs qu'Il n'a faites à aucune autre nation...

Mahomet confirme ici l'élection du peuple juif. Deutéronome 14, 2 : « Tu es un peuple saint pour l'Eternel ton Dieu. Et l'Eternel ton Dieu t'a choisi pour que tu fusses un peuple qui lui appartînt entre tous les peuples qui sont sur la face de la terre ».

ENTREZ DANS LA TERRE SAINTE

24. Entrez dans la Terre Sainte que Dieu vous a destinée. Ne retournez pas en arrière, de peur que vous ne marchiez à votre perte.

---

25. Ce pays, répondirent les enfants d'Israël, est habité par des géants. Nous n'y entrerons point tant qu'ils l'occuperont. S'ils en sortent, nous en prendrons possession.

Nombres 13, 31 à 33 : « Les hommes qui y étaient allés dirent : ...Le pays que nous avons parcouru... dévore ses habitants... Nous y avons vu des géants. Nous étions à nos yeux et aux leurs comme des sauterelles ».

---

26. Présentez-vous à la porte de la ville, dirent deux hommes craignant le Seigneur et favorisés de ses grâces, vous y pénétrerez et vous remporterez la victoire. Mettez votre confiance en Dieu, si vous êtes fidèles.

Nombres 14, 6 à 9 : « Parmi ceux qui avaient exploré le Pays, Josué... et Caleb... parlèrent ainsi à l'assemblée des enfants d'Israël : Le pays que nous avons parcouru pour l'explorer est... très bon, excellent. Si l'Eternel nous est favorable, il nous mènera dans ce pays et nous le donnera... Ne soyez point rebelles contre l'Eternel et ne craignez point les gens de ce pays... L'Eternel est avec nous.

---

27. Nous ne nous y présenterons point, dit le peuple à Moïse, tant que les géants l'habiteront. Va avec ton Dieu et combattez. Nous demeurerons ici.

28. Seigneur, s'écria Moïse, je suis seul avec mon frère : juge entre nous et les rebelles.

29. Le Seigneur prononça ces mots : L'entrée de ce pays leur sera interdite pendant quarante ans. Ils erreront sur la terre. Cesse de t'alarmer pour des prévaricateurs.

Quelle différence avec le texte biblique relatant cet incident dans le désert, quand Moïse obtint le pardon du Peuple après avoir intercédé pour lui auprès de l'Eternel qui, toutefois, interdit à la génération qui était sortie d'Egypte, sauf à Caleb et Josué, l'entrée au pays de Canaan.

LES JUIFS ONT ALTERE LA PAROLE DE DIEU

45. (Traduction Montet.) « O toi, Apôtre ! Ne te laisse pas affliger... par ceux qui sont juifs, prêts à écouter le mensonge... Ils changent les paroles (du Pentateuque) de leurs places et ils disent : Si on vous les donne ainsi, prenez-les, mais si on ne vous les donne pas ainsi, prenez garde... Ce sont ceux dont Dieu ne veut pas purifier les cœurs.

LES JUIFS AIMENT LE MENSONGE

46. (Traduction M. Savary.) Ils aiment le mensonge. Les mets défendus sont leur nourriture. S'ils te prennent pour arbitre, prononce entre eux ou fuis-les...

LES JUIFS FLOTTENT DANS LE DOUTE ET NE CROIENT PAS

47. Comment te prendraient-ils pour arbitre ? Ils ont le Pentateuque où sont renfermés les préceptes du Seigneur. Mais ils flottent dans le doute et ils ne croient point.

LES RABBINS ET LES DOCTEURS ONT REÇU LA GARDE DU LIVRE DE DIEU, LA TORAH

48. Nous avons envoyé le Pentateuque pour diriger et éclairer les hommes. Les prophètes, qui suivaient l'Islamisme, s'en servirent pour juger les Juifs. Les docteurs et les rabbins guidèrent, par ses lois, le peuple confié à leur garde. Ils étaient ses témoins. O Juifs ! Ne craignez point les hommes. Craignez-moi (moi « Mahomet »). Ne vendez point ma doctrine pour un vil intérêt...

Mahomet affirme que la Torah, (Pentateuque) est venue de Dieu. C'est en elle que se trouve la lumière divine qui guide les hommes. Il rend témoignage aux rabbins et aux docteurs de la Bible d'être les gardiens authentiques de la Parole de Dieu. Mais cela ne l'empêche pas de prétendre, au verset 52, que c'est lui qui a reçu le livre « véritable », le Coran, supérieur aux livres révélés antérieurement, et afin de confirmer ceux-ci.

LA SUPERIORITE DU CORAN

52. Nous t'avons envoyé le livre véritable (le Coran), qui confirme les Ecritures qui l'ont précédé et qui en rend témoignage. Juge entre les Juifs et les chrétiens suivant les commandements de Dieu. Ne suis pas leurs désirs, et ne t'écarte pas de la doctrine que tu as reçue. Nous avons donné à chacun des lois pour se conduire.

Le Coran serait supérieur à tous les livres inspirés qui l'ont précédé. Mahomet aurait été envoyé comme révélateur de la vérité que les Ecritures contenaient et que les Juifs et les Chrétiens auraient corrompue.

LE MUSULMAN NE DOIT AVOIR DE RELATION NI AVEC LES JUIFS NI AVEC LES CHRETIENS

56. O croyants ! Ne formez point de liaisons avec les Juifs et les chrétiens. Laissez-les s'unir ensemble. Celui qui les prendra pour amis deviendra semblable à eux et Dieu n'est point le guide des pervers.

« GENS DU LIVRE » VOUS ETES DES PERVERS

64. Dis : « Gens du Livre ! Que nous reprochez-vous, sinon de

croire en Dieu et en ce qu'on a fait descendre auparavant ? Mais la plupart d'entre vous, vraiment, sont des pervers ! »

JUIFS TRANSFORMES EN SINGES ET EN PORCS

65. Que vous peindrai-je de plus terrible que la vengeance que Dieu a exercée contre vous ? Il vous a maudits dans sa colère. Il vous a transformés en singes et en porcs, parce que vous avez brûlé de l'encens devant les idoles et que vous êtes plongés dans les plus profondes ténèbres.

LES JUIFS SONT DES HYPOCRITES

66. Lorsqu'ils se sont présentés à vous, ils ont dit : Nous croyons. Ils sont entrés avec l'infidélité. Ils s'en sont retournés avec l'infidélité : mais Dieu connaît ce qu'ils recèlent.

SEVERES REPROCHES...

67. Combien d'entre eux se livrent à l'iniquité ? Combien en verrez-vous se nourrir des mets défendus ? Malheur à leurs œuvres !

...CONTRE LES RABBINS ET LES DOCTEURS

68. (Traduction Muhammad Hamidullah.) Pourquoi rabbins et docteurs ne les empêchent-ils pas de parler en péché et de se goinfrer de choses défendues ? Comme est donc maumais ce qu'ils œuvrent !

MALEDICTION SUR MALEDICTION A L'ADRESSE DES JUIFS

69. Les mains de Dieu sont liées, disent les Juifs. Que leurs bras soient chargés de chaînes ! Qu'ils soient maudits pour prix de leurs blasphèmes ! Au contraire, les mains de Dieu sont ouvertes et prêtes à verser les dons sur ceux qu'il lui plaît. La grâce qu'il t'a accordée ne fera qu'accroître leurs erreurs et leur infidélité. Nous avons semé parmi eux des haines qui fermenteront jusqu'au jour de la résurrection. Dieu éteindra le feu de la guerre toutes les fois qu'ils l'allumeront contre toi. Ils seront errants sur la terre et porteront avec eux la corruption. Mais Dieu hait les corrupteurs.

A cause des durs châtiments que l'Eternel infligea aux enfants d'Israël pour leurs péchés, ils doutèrent parfois de Lui, tel un Gédéon qui dit : « ...l'Eternel nous abandonne... » (Juges 6, 13). Cependant le Peuple juif n'a jamais perdu la foi en son Dieu, même lors de l'horrible époque nazie quand furent massacrés six millions de Juifs. « Israël, mets ton espoir en l'Eternel... C'est Lui qui rachètera Israël de toutes ses iniquités » (Psaume 130, 7 et 8). Tout bon Juif connaît ces Paroles par cœur.

LES JUIFS SONT DES IMPIES

70. S'ils avaient la foi et la crainte du Seigneur, nous effacerions leurs péchés. Nous les introduirions dans les jardins de délices. L'observation du Pentateuque, de l'Evangile, et des préceptes divins (le Coran), leur procurerait la jouissance de tous les biens. Il en est parmi eux qui marchent dans la bonne voie. Mais la plupart sont impies.

LES JUIFS ET LES CHRETIENS SONT SANS FONDEMENT

72. Dis aux Juifs et aux Chrétiens : Vous n'êtes appuyés sur aucun fondement, tant que vous n'observerez pas le Pentateuque, l'Evangile et les commandements de Dieu (le Coran). Le livre (le Coran) que tu as reçu

On voit ici que Mahomet était persuadé qu'une parfaite entente existait entre la Bible et son livre, le Coran, entre les prophètes d'Israël et lui, et que le refus des Juifs et des Chrétiens de croire en lui n'était que la

du ciel augmentera l'aveuglement de beaucoup d'entre eux. Mais ne t'alarme pas sur le sort des infidèles.

suite de leur infidélité à Dieu, et même une punition divine accrue.

Mais ne faudrait-il pas plutôt dire que la prétention de Mahomet à une mission divine est le fruit amer de l'infidélité des Juifs et des Chrétiens au Livre divin, la Bible ?

TOUTES LES RELIGIONS SONT BONNES...

73. Les fidèles (les Musulmans), les Juifs, les Sabéens, et les Chrétiens qui croiront en Dieu et au Jour dernier, et qui auront pratiqué la vertu, seront exempts de la crainte et des tourments.

Ce verset fait écho à cette vieille doctrine d'universalisme selon laquelle Dieu veut le salut de tous sans exception, et que dans cette existence ou dans une autre, Il donnera à tous la possibilité de se sauver, quelle que soit leur religion.

Mais la doctrine biblique enseigne que l'homme déchu ne peut être racheté que par la mort du Fils de Dieu sur la croix.

D'ailleurs Mahomet se contredit lui-même dans un autre passage du Coran : ch. 3, v. 77 et 78 « Celui qui professera un autre culte que l'Islamisme n'en retirera aucun fruit et sera au nombre des réprouvés ».

LES JUIFS ONT REJETE ET TUE LES PROPHETES

74. Nous reçûmes l'alliance des enfants d'Israël, et nous leur envoyâmes des prophètes. Toutes les fois qu'ils leur annoncèrent des vérités que rejetaient leurs cœurs corrompus, ils furent accusés de mensonge ou injustement massacrés.

Sous-entendu : c'est la raison pour laquelle ils n'ont pas voulu accepter Mahomet.

LES JUIFS DEVENUS SOURDS ET AVEUGLES

75. Ils (les enfants d'Israël) ont pensé que leurs crimes seraient impunis, et ils sont devenus aveugles et sourds. Le Seigneur leur a pardonné. Le plus grand nombre est retombé dans l'aveuglement. Mais Dieu est témoin de leurs actions.

---

81. Dis aux Juifs et aux Chrétiens : Ne passez point les bornes de la foi, pour suivre le mensonge. N'embrassez pas l'opinion de ceux qui étaient avant vous dans l'erreur et qui ont entraîné la plupart des hommes dans leur aveuglement.

« Ne passez point les bornes de la foi, pour suivre le mensonge » : c'est-à-dire « restez dans le Pentateuque, et ne vous livrez pas aux péchés de vos pères ».

LES JUIFS INCREDULES AURAIENT ETE MAUDITS PAR DAVID ET JESUS

82. Les Juifs incrédules ont été maudits par la bouche de David et de Jésus, fils de Marie. Rebelles et impies, ils ne cherchaient point à se détourner du crime. Malheur à leurs œuvres !

ILS SERONT PRECIPITES DANS LES TOURMENTS ETERNELS

83. Vous les voyez courir en foule dans le parti des infidèles. Malheur aux iniquités dont ils sont coupables ! Dieu, dans sa colère, les précipitera pour l'éternité dans l'horreur des tourments.

SI LES JUIFS AVAIENT CRU AU PROPHETE

84. S'ils eussent cru en Dieu, au prophète, au Coran, ils n'auraient pas recherché leur alliance. Mais la plupart d'entre eux sont pervertis.

Après les avoir accusés de rébellion contre le Pentateuque, ce qui leur valait un châtiment éternel, Mahomet ne voyait comme remède pour les Juifs

LES CHRETIENS SONT UN PEU MEILLEURS QUE LES JUIFS

85. Vous éprouverez que les Juifs et les idolâtres sont les plus violents ennemis des fidèles (les Musulmans). Parmi les Chrétiens vous trouverez des hommes humains et attachés aux croyants (les Musulmans), parce qu'ils ont des prêtres et des religieux voués à l'humilité.

86. Lorsqu'ils entendent la lecture du Coran, vous les voyez pleurer de joie d'avoir connu la vérité. Seigneur, s'écrient-ils, nous croyons. Inscris-nous au nombre de ceux qui rendent témoignage.

87. Pourquoi ne croirions-nous pas en Dieu et à la vérité qu'il a manifestée ? Pourquoi ne désirerions-nous pas avoir une place parmi les justes ?

que l'acceptation par ceux-ci de son apostolat et de son livre.

Ce témoignage que Mahomet rend aux prêtres et aux moines (religieux) catholiques concernant leur approbation de son livre et de son apostolat, n'est pas à leur avantage. Au contraire, ceci prouve combien peu ils discernaient le faux du vrai, à cause, sans doute, de leur ignorance des Ecritures.

CES CHRETIENS, FAVORABLES A MAHOMET, HABITERONT LE PARADIS

88. Dieu a entendu leur voix : il leur donnera pour habitation éternelle les jardins de délices qu'arrosent des fleuves. Telle sera la récompense des bienfaisants. Mais les infidèles et ceux qui accuseront notre doctrine de mensonge, seront précipités dans l'enfer.

* * *

LES PROPHETES ILLUSTRES D'ISRAEL

Chapitre 6

84. Nous lui donnâmes (à Abraham) pour enfants Isaac et Jacob. Ils marchèrent au flambeau de la foi. Avant lui, nous avions éclairé Noé. Parmi les descendants d'Abraham nous favorisâmes de notre lumière David, Salomon, Job, Joseph, Moïse et Aaron. C'est ainsi que nous récompensons la vertu.

Sur cette liste des prophètes issus d'Abraham, Ismaël, au verset 86, se trouve en tête.

85. Zacharie, Jean, Jésus, Elie, furent au nombre des justes.

PARMI CES PROPHETES, ISMAEL ET LOT

86. Nous élevâmes au-dessus de leurs semblables Ismaël, Elisée, Jonas et Lot.

87. Nous guidâmes dans le sentier du salut ceux que nous élûmes parmi leurs pères, leurs frères et leur postérité.

SI LES JUIFS MEPRISENT CES PROPHETES, UNE NATION PLUS RECONNAISSANTE LES DESHERITERA

89. Tels furent ceux à qui nous donnâmes les Ecritures (le Pentateuque), la Sagesse et le don de prophétie. Si leur postérité méprise ces bienfaits, nous les ferons passer à une nation plus reconnaissante.

91. Les Juifs ne rendent pas hommage à la vérité, lorsqu'ils soutiennent que Dieu n'a rien révélé aux hommes. Demande-leur : Qui a envoyé à Moïse le Livre de la Loi où brille la vraie lumière, ce Livre que vous écrivez et dont vous savez soustrai-

Note de E. Montet : « Le sens de ce passage paraît être : la mission divine dont Israël avait été chargé par Dieu et qu'il n'a pas remplie, a été confiée par Dieu au peuple arabe musulman. Cette mission consiste à rappeler à l'humanité les vérités révélées par Dieu à Abraham et à sa postérité ».

re une partie ? Dis-leur : C'est Dieu. Le Coran vous a appris ce que vous ignoriez et ce qu'ignoraient vos pères. Laisse-les plongés dans le bourbier ténébreux où ils se débattent.

LES ALIMENTS DEFENDUS PAR DIEU AUX JUIFS

147. Pour les Juifs, nous leur avons interdit tous les animaux qui n'ont pas la corne du pied fendue, et la graisse des bœufs et des moutons, excepté celle du dos, des entrailles et celle qui est mêlée avec des os. Cette défense est la peine de leurs crimes. Nous sommes équitables.

Quelle étrange raison à cette défense !

LA PERFECTION DU DECALOGUE...

155. Nous apportâmes à Moïse les tables sacrées. Elles conduisent le juste à la perfection. Les Juifs y trouvent la distinction de toutes choses, la lumière, la miséricorde et la croyance de la vie future.

...MAIS AUSSI DU CORAN

156. Croyez au Coran, ce livre béni que nous avons fait descendre des cieux. Craignez le Seigneur et vous éprouverez les effets de sa miséricorde.

ELECTION DES MUSULMANS

157. Vous ne direz plus : Deux peuples ont reçu avant nous les Ecritures et nous avons négligé l'étude.

158. Vous ne direz plus : si l'on nous eût envoyé un livre, nous aurions été plus éclairés

Les Musulmans, par leur prophète et son livre, sont aussi privilégiés que les Juifs et les chrétiens.

qu'eux. Vous avez reçu les oracles divins, la lumière et les grâces du ciel. Quoi de plus injuste maintenant que de blasphémer contre la religion sainte et de s'en éloigner ? Nous réservons à ceux qui la rejettent un supplice digne de leur rébellion.

Mahomet élève le Coran au même niveau que la Bible, mais n'offre aux peuples arabes que le Coran : « Croyez au Coran... Vous avez reçu les oracles divins, la lumière et les grâces du ciel... ».

* * *

LES ENFANTS D'ISRAEL RECOMPENSES DE LEURS SOUFFRANCES

Chapitre 7

133. Nous donnâmes à des nations faibles l'Orient et l'Occident, sur lesquels nous répandîmes notre bénédiction. Les enfants d'Israël virent l'accomplissement de nos promesses. Ils furent récompensés de leurs souffrances. Les travaux et les édifices du Pharaon et des Egyptiens furent détruits.

« Orient » et « Occident », d'après Muhammad Hamidullah, (le Coran page 175), signifient la Terre Sainte, territoire à l'est et à l'ouest du Jourdain.

« Nations faibles » : Les Juifs, durant leur séjour en Egypte, opprimés par Pharaon.

134. Nous ouvrîmes un chemin aux enfants d'Israël, à travers les eaux de la mer et ils arrivèrent dans un pays idolâtre.

LE VEAU D'OR

135. Aussitôt ils pressèrent Moïse de leur faire des dieux semblables à ceux qu'on y adorait. Enfants d'Israël, leur dit le prophète, quelle est votre ignorance ! Ces divinités sont chimériques. Le culte qu'on leur rend est vain et sacrilège.

136. Vous proposerai-je un autre Dieu que Celui qui vous a élevés au-dessus de toutes les nations ?

---

137. Nous vous avons délivrés de la famille du Pharaon qui vous tyrannisait, qui faisait mourir vos enfants mâles, n'épargnant que vos filles. C'est une faveur éclatante de la bonté divine.

DE BONS JUIFS

159. Il est, parmi les enfants d'Israël, des docteurs et des juges équitables.

ou, selon la traduction E. Montet : Parmi le peuple de Moïse, il y a une nation qui est guidée dans la vérité et qui, par suite, agit justement.

Les traducteurs et les commentateurs comprennent ce verset différemment. Selon les uns, il s'agirait d'un groupe de Juifs connus de Mahomet. Al Baldaoui parle d'une communauté juive habitant au-delà de la Chine, et que Mahomet a vue pendant son voyage nocturne.

Selon une fable juive, Dieu aurait donné à Moïse, en accomplissement de cette promesse : « Je ferai de toi une grande nation », (Exode 32, 10), une nation qui se trouverait dans une contrée inconnue.

D'après d'autres commentateurs, il s'agirait des Hébreux chrétiens, séparés du Judaïsme. Ou bien encore, ce serait ces Juifs qui étaient mieux disposés à écouter Mahomet.

INGRATITUDE DES JUIFS

160. Nous partageâmes les Hébreux en douze tribus ; et lorsqu'ils demandèrent de l'eau à Moïse, nous lui inspirâmes de frapper le rocher de sa baguette. Il en jaillit douze sources,

et tout le peuple connut le lieu où il devait se désaltérer. Nous abaissâmes les nuages pour les ombrager. Nous leur envoyâmes la manne et les cailles, et nous leur dîmes : Usez des biens que nous vous offrons. Leurs murmures ne firent tort qu'à eux-mêmes.

« Nous abaissâmes les nuages pour les ombrager » : Déformation d'Exode 13, 22 : « La colonne de nuée ne se retirait point de devant le peuple pendant le jour... ».

EXHORTATION A HABITER LA VILLE (PAYS) DE CANAAN

161. Nous leur dîmes : Habitez cette ville. Les biens qu'elle renferme sont à votre discrétion. Adorez le Seigneur en y entrant. Implorez sa clémence. Nous vous pardonnerons vos fautes et les justes seront comblés de mes faveurs.

Ce verset fait allusion à Nombres, 14, 11, quand, après le retour des explorateurs et leur rapport décourageant, le peuple refusa d'entrer dans le pays de Canaan, et que la colère de Dieu éclata : « Jusques à quand ce peuple me méprisera-t-il ? Jusques à quand ne croira-t-il pas en moi, malgré tous les prodiges que j'ai faits au milieu de lui ?... Moïse dit à l'Eternel : ...Pardonne l'iniquité de ce peuple... Et l'Eternel dit : Je pardonne, comme tu l'as demandé ».

LA FABLE D'EILAT, SUR LE GOLFE D'AKABA

163. Demandez-leur l'histoire de cette ville maritime (!), dont les habitants transgressaient le Sabbat. Ils voyaient, dans ce saint jour, les poissons paraître à la surface de l'eau. Les autres jours ils disparaissaient. C'est ainsi que nous leur manifestions leur impiété.

Voir page 43, la note sur ch. 2, v. 61 du Coran.

Ceci émane d'une légende juive.

« LAISSEZ LES MECHANTS... » (LES JUIFS)

164. Laissez les méchants, disait-on à ceux (les prophètes) qui les exhortaient : le ciel va les exterminer ou leur faire su-

Echo déformé de Jérémie 7, 16 : « Et toi, n'intercède pas en faveur de ce peuple. N'élève pour eux ni supplications ni

bir les plus rudes châtiments. Nous les prêchons, répondaient les sages (les prophètes), pour nous justifier devant Dieu, et pour leur inspirer de la crainte.

prières. Ne fais pas des instances auprès de moi, car je ne t'écouterai pas ».

NOUVEAU RAPPEL DES PECHES D'ISRAEL

165. Ils oublièrent les avis salutaires. Nous sauvâmes ceux (les prophètes) qui les leur avaient donné, et nous fîmes éprouver aux coupables des peines dignes de leur iniquité.

JUIFS TRANSFORMES EN SINGES

166. Ils persévérèrent orgueilleusement dans leur désobéissance, et nous les transformâmes en vils singes. Dieu annonça aux Juifs que le malheur les poursuivrait jusqu'au jour du jugement.

DES JUIFS DISPERSES SUR LA TERRE, QUELQUES-UNS ONT CONSERVE LA JUSTICE

167. Nous les avons dispersés sur la terre. Il en est parmi eux qui ont conservé la justice. Les autres se sont pervertis. Nous les avons éprouvés par la prospérité et l'infortune, afin de les ramener à nous.

LE PEUPLE JUIF RASSEMBLE AU SINAI

170. Quand nous élevâmes la montagne qui les ombragea, quand ils croyaient que son sommet ébranlé allait fondre sur leurs têtes, nous leur dîmes : Recevez avec zèle ces tables que nous vous offrons. Souvenez-vous des préceptes qui y sont gravés, afin que vous craigniez le Seigneur.

Allusion à une fable juive selon laquelle Dieu avait élevé le Sinaï au-dessus du Peuple qui se tenait au pied de cette montagne, et les y avait forcés à accepter la Loi.

LA GUERRE SAINTE

Chapitre 9

29. (Traduction M. Hamidullah.) Combattez (1) ceux qui ne croient ni en Dieu ni au Jour dernier, qui n'interdisent pas ce que Dieu et son messager (2) ont interdit, et ceux des gens du Livre (3) qui ne se donnent pas comme religion la religion de la vérité (4), jusqu'à ce qu'ils versent la capitation (5) sur le revenu des mains, et qu'ils se fassent petits.

(1) Combattez : littéralement « tuez ».
(2) Messager : Mahomet.
(3) Gens du Livre : les Juifs et les Chrétiens.
(4) Religion de la vérité : l'Islam.
(5) Capitation : impôt.

Il ressort de ce verset que les Juifs et les Chrétiens qui ne voulaient pas accepter l'Islam devaient verser une taxe. Quant à ceux qui ne croyaient en rien, ils n'avaient pas cette possibilité. Il fallait les combattre (ou tuer, selon la traduction littérale).

* * *

LE SABBAT EST POUR LES JUIFS

Chapitre 16

125. (Traduction M. Savary.) Le Seigneur établit le Sabbat parmi les Juifs qui disputaient à ce sujet. Il jugera leurs différends au jour de la résurrection.

Voici comment M. Hamidullah explique ce verset : (le Coran, page 301) : « Dans la tradition musulmane, le vendredi est le jour où Dieu accueillit le repentir d'Adam après la chute. Adam l'adopta comme jour hebdomadaire de remerciement à Dieu. Cela dura jusqu'à ce que les Israélites se disputent à son sujet. Alors Dieu le leur remplaça par le samedi. L'Islam restaure le culte d'Adam ».

* * *

Chapitre 17

2. Nous donnâmes le Pentateuque à Moïse pour conduire les enfants d'Israël, et nous leur défendîmes de rechercher d'autre protection que celle de Dieu.

DEUX PECHES FURENT LA CAUSE DE LA DESTRUCTION DES PREMIER ET SECOND TEMPLES

4. Nous prédîmes aux enfants d'Israël, dans les livres sacrés, que deux fois... ils se livreraient à des excès inouïs.

Le sens de ce verset semble être, d'après les commentateurs arabes : Par deux fois le péché du Peuple juif arrivera à un point culminant et entraînera, chaque fois, la destruction du Temple. La première fois, le point culminant fut l'emprisonnement de Jérémie et l'assassinat d'Esaïe, qui, selon la tradition, fut scié. (Allusion en est peut-être faite en Hébreux 11, 37 : « Ils furent lapidés, sciés... »). Ces assassinats entraînèrent la destruction du premier Temple par Nebucadnetsar.

Dans la note N° 3 d'E. Montet, le Coran, page 358, nous trouvons ceci : « Quant au martyre d'Esaïe, il est relaté dans le Talmud de Babylone, (traité Jébamoth, fol. 49 b), et dans le Targoum sur 2 Rois 21, 16 ».

Le deuxième péché qui entraîna la destruction du deuxième Temple par les Romains, fut, toujours d'après les commentateurs arabes, la mort de Zacharie, (probablement le fils de Barachie, Matthieu 23, 35), l'assassinat de Jean-Baptiste, et le fait que les Juifs s'étaient imaginé avoir tué Jésus, qui d'après le Coran, n'a pas été crucifié. (Voir ch. 4, v. 156).

---

5. Lorsque la première époque arriva, nous suscitâmes contre vous nos serviteurs. Ils rassemblèrent des armées formidables. Ils portèrent la guerre au sein de vos maisons, et la prédiction fut accomplie.

Il s'agit ici des armées babyloniennes.

RETOUR DE LA CAPTIVITE DE BABYLONE

6. Après ce désastre, nous vous accordâmes la victoire sur vos ennemis. Nous augmentâmes votre puissance et le nombre de vos enfants.

---

7. Ce que vous faites de bien ou de mal, vous le faites à vous-mêmes. Lorsque la seconde période de vos malheurs fut venue vos ennemis répandirent la consternation parmi vous. Ils entrèrent dans le Temple, comme la première fois et le démolirent.

Destruction du second Temple par les armées de Titus.

---

8. Dieu peut vous pardonner encore. Mais si vous retournez au crime, son bras est prêt à frapper. L'Enfer sera la prison des méchants.

« Si vous retournez au crime... ». Quelle différence avec Deutéronome 4, 30 et 31 : « ...Toutes ces choses t'arriveront. Alors, dans la suite des temps, tu retourneras à l'Eternel ton Dieu, et tu écouteras sa voix... car Il est un Dieu de miséricorde qui ne t'abandonnera pas et ne te détruira pas : Il n'oubliera pas l'alliance de tes pères, qu'Il leur a jurée ».

L'Eternel a promis de ramener une seconde fois son peuple de sa captivité : « Dans ce même temps, le Seigneur étendra une seconde fois sa main pour racheter le reste de son peuple dispersé en Assyrie et en Egypte... et dans les îles de la mer ». (Esaïe 11, 11). C'est ce qu'Il fait en ce moment en leur « accordant la victoire sur leurs ennemis ».

• • •

SORTIE DES ENFANTS D'ISRAEL DU PAYS D'EGYPTE

Chapitre 26

57. Nous portâmes les Egyptiens à quitter leurs jardins et leurs fontaines,

58. Leurs trésors et leurs habitations superbes,

59. afin d'en faire hériter les enfants d'Israël.

Exode 3, 22 : « Chaque femme demandera à sa voisine et à celle qui demeure dans sa maison des vases d'argent et des vases d'or, et des vêtements que vous mettrez sur vos fils et vos filles. Et vous dépouillerez les Egyptiens ».

Mais comment auraient-ils pu hériter les biens immobiliers de l'Egypte, alors que Dieu leur faisait quitter ce pays où ils avaient été esclaves ?

• • •

LA GUERRE SAINTE

Chapitre 33

26. Il (Dieu) a forcé les Juifs qui avaient secouru les idolâtres à descendre de leur citadelle. Il a jeté l'épouvante dans leurs âmes. Vous en avez tué une partie et vous avez mené les autres en captivité.

27. Il vous a donné pour héritage leurs terres, leurs maisons, leurs richesses. Vous possédez un pays où vous n'aviez point encore porté vos pas. La puissance de Dieu est infinie.

Mahomet adresse ces paroles à ses soldats qui venaient de remporter une éclatante victoire sur ses adversaires. Parmi ceux-ci se trouvaient des idolâtres et des Juifs.

E. Montet, (le Coran, page 112, note 2), apporte cette explication : « Cette sourate a été écrite l'an 5 de l'Hégire, lors du siège de Médine par des alliés adversaires de Mahomet, à savoir, des tribus juives et des Arabes de la Mecque, du Nedjd et du Tehâmah. Cette alliance avait été faite à l'instigation de la tribu juive de Nadhîr, que Mahomet avait chassée de la Mecque en l'an 4 de l'Hégire ».

• • •

LES JUIFS DOUTERAIENT MEME DU PENTATEUQUE

Chapitre 41

45. Nous donnâmes le Pentateuque à Moïse, sujet de mille

Les discussions des rabbins sur le texte de la Loi donnaient

débats. D'un mot, Dieu pouvait les terminer. Il ne l'a pas voulu. Les Hébreux flottent encore dans le doute et l'incertitude.

peut-être à Mahomet l'impression qu'ils étaient dans l'incertitude et le doute.

* * *

LES GRACES DE L'ETERNEL SUR SON PEUPLE...

Chapitre 44

29. Nous délivrâmes les enfants d'Israël d'un esclavage humiliant.

30. Nous les sauvâmes de la tyrannie du Pharaon, prince orgueilleux et impie.

31. Nous les choisîmes sur tous les peuples de la terre.

32. Et nous opérâmes en leur faveur les miracles les plus étonnants.

Les Juifs sont clairement désignés ici comme le Peuple Elu de Dieu.

* * *

...SUITE

Chapitre 45

15. Nous donnâmes aux enfants d'Israël des lois sages, le Pentateuque et la prophétie. Nous les nourrîmes d'aliments purs, et nous les élevâmes au-dessus des autres nations.

Encore ici, les Juifs sont clairement désignés comme le Peuple Elu de Dieu.

MAIS... ILS ONT REFUSE L'ISLAM

16. Nous leur prescrivîmes le culte du vrai Dieu. Ils n'ont disputé que lorsque la connaissance de l'Islamisme leur est venue. L'envie leur a mis les armes à la main. Dieu terminera leurs différends au jour de la résurrection.

Dans la pensée de Mahomet, les Juifs devaient accepter sa mission, car, venant de Dieu, elle faisait suite à ce qu'ils avaient reçu auparavant. Mais il interprète ce refus comme une rébellion contre la révélation divine et dont la raison est la jalousie.

NOE ET ABRAHAM

Chapitre 57

26. Nous chargeâmes Noé et Abraham de la prédication. Nous avons accordé à leurs descendants le Pentateuque et la prophétie. Quelques-uns ont suivi les commandements de Dieu et un grand nombre s'en sont écartés.

* * *

HOMMES (DES JUIFS) FRAPPES DE LA COLERE CELESTE

Chapitre 58

15. Avez-vous remarqué ceux qui ont formé des liaisons avec des hommes frappés de la colère céleste ? Ils ne sont ni de leur parti ni du vôtre. Ils profèrent de faux serments, et ils le savent.

Mahomet parle de ces Arabes qui ne croyaient pas en lui et qui, par conséquent, rejoignaient le camp des Juifs « frappés de la colère céleste ».

DIEU PREPARE AUX JUIFS UN DUR CHATIMENT

16. Dieu les a menacés des plus terribles châtiments, parce qu'ils se sont livrés à l'iniquité.

SUITE DES IMPRECATIONS CONTRE LES JUIFS

17. A l'abri de leurs parjures, ils écartent les autres de la loi divine. Une punition terrible les attend.

« A l'abri de leurs parjures » : ils se couvrent du manteau de leur foi hypocritement..

Note de E. Montet, (le Coran page 289) : « leur religion n'est qu'apparente. Quel jugement différent Mahomet portait sur les Juifs quand il était à la Mecque ! ».

SUITE...

18. Leurs richesses, leurs enfants ne leur serviront de rien auprès de Dieu. Ils seront les victimes d'un feu éternel.

LES JUIFS, DES MENTEURS...

19. Le jour où Dieu les ressuscitera, ils jureront qu'ils lui sont fidèles, comme ils vous l'ont juré. Ils croient que ce serment leur sera de quelque utilité : vain espoir. Le mensonge n'est-il pas dans leur cœur ?

...VOUES A LA REPROBATION DANS CE MONDE ET DANS LE MONDE A VENIR

20. Ils vivent sous l'empire de Satan. Il leur a fait oublier le souvenir de Dieu. Ils suivent ses inspirations... Ne sont-ils pas dévoués à la réprobation ?

GUERRE SAINTE CONTRE LES JUIFS ET VICTOIRE ASSUREE PAR DIEU

21. Ceux qui lèvent l'étendard de la rébellion contre Dieu et le prophète seront couverts d'opprobre. Dieu a écrit : Je donnerai la victoire à mes ministres. Dieu possède la force et la puissance.

* * *

DEFAITE DE LA TRIBU JUIVE « BANOUN-NADIR », AN 4 DE L'HEGIRE

Chapitre 59

2. C'est Lui (Dieu) qui a fait descendre de leur forteresse les Juifs infidèles, assemblés pour la première fois. Vous ne pensiez pas qu'on pût les y forcer. Ils croyaient que leurs citadelles les défendraient contre le bras de Dieu. Mais Il les a surpris du côté qu'ils ne prévoyaient pas. Il a jeté la terreur dans leurs âmes. Leurs maisons ont été renversées de leurs

An 4 de l'Hégire (625, ère chrétienne).

Note de M. Hamidullah, (le Coran page 630) : « Il s'agit de la tribu juive des Banoun-Nadir habitant à Médine à cette époque. Le prophète était allé chez eux, et ils avaient tenté de l'écraser en jetant une meule du haut d'une tour. Assiégés, ils se soumirent sans perte de vies. Le prophète leur pardonna à condition qu'ils quittent la ré-

mains et de celles des croyants. Que cet exemple vous instruise, ô vous qui en avez été témoins !

gion. Ils abandonnèrent leurs terres mais récupérèrent les prêts et s'établirent à Khaïbar. Ce sont eux qui, deux ans plus tard, organisèrent la bataille du Fossé de Médine ».

MAHOMET LAISSE LES JUIFS EN VIE, MAIS LEUR PREDIT LE SUPPLICE DE LA GEHENNE...

3. Si le ciel n'avait écrit leur exil, il les aurait exterminés Mais le supplice du feu les attend dans l'autre monde.

...PARCE QU'ILS SE SONT OPPOSES A ALLAH ET A SON APOTRE

4. (Traduction E. Montet.) Et cela parce qu'ils se sont opposés à Allah et à son apôtre. Et quiconque s'oppose à Allah, (qu'il sache) en vérité qu'Allah est terrible dans sa punition !

PERMISSION DE COUPER LES PALMIERS

(Traduction M. Savary.)

5. Vous avez coupé leurs palmiers. Vous n'en avez laissé qu'une partie sur leurs racines. Le ciel l'a permis ainsi pour se venger des pervers.

11. As-tu entendu les impies qui disent aux Juifs infidèles, leurs frères : Si l'on vous bannit, nous vous suivrons. Nous ne recevrons de loi que de vous. Si l'on vous assiège, nous volerons à votre secours. Dieu est témoin de leurs mensonges.

12. Si l'on oblige leurs frères (les Juifs) à s'expatrier, ils ne les suivront point. Si on les assiège, ils ne marcheront point à leur secours. S'ils osaient le

Mahomet permit à ses soldats de couper des palmiers lors du siège de Banoun-Nadir, ce qui est interdit par la Loi : « Si tu fais un long siège pour t'emparer d'une ville avec laquelle tu es en guerre, tu ne détruiras point les arbres..., tu t'en nourriras et tu ne les abattras point... Mais tu pourras détruire les arbres que tu sauras ne pas être des arbres servant à la nourriture, et en construire des retranchements contre la ville qui te fait la guerre... ».

(Deutéronome 20, 19 et 20).

faire, on les forcerait à prendre la fuite. Il n'y aurait plus de refuge pour eux.

13. L'épouvante que Dieu a jetée dans leurs âmes vous a donné la victoire sur eux, parce qu'ils n'ont point la sagesse.

14. Ils n'oseraient vous combattre en bataille rangée. Ils ne se défendront que dans les villes fortifiées ou derrière des remparts. Ils n'ont de courage qu'entre eux. Vous les croyez unis et ils sont divisés, parce qu'ils n'ont point la sagesse.

15. Semblables à ceux qui les ont précédés, leurs entreprises ont causé leur ruine et l'enfer sera leur partage.

16. Semblables à Satan qui prêche l'infidélité aux hommes, lorsqu'ils ont apostasié, il ajoute : Je suis innocent de votre crime. Je crains le souverain de l'univers.

17. Ils éprouverons nos châtiments. Les brasiers de l'enfer seront leur demeure éternelle. Tel est le sort des scélérats.

Le verset 11 ne vise pas uniquement les Juifs, mais aussi les Arabes qui s'étaient unis dans le combat contre Mahomet.

Triste fin de dialogue entre Mahomet et les Juifs

Quelle triste fin de dialogue entre Mahomet et les Juifs ! La rupture a duré quatorze siècles. L'ère de la paix et de la réconciliation, est-elle enfin arrivée ? Nous croyons que oui, malgré l'apparence du contraire. La reprise des rapports entre l'Eternel et Israël est le signal de la reprise du dialogue entre Juifs et Arabes, non un dialogue armé, mais un dialogue de paix, sous le regard bienveillant de l'Eternel, Dieu d'Israël et aussi d'Ismaël selon la promesse de Dieu à Abraham : « A l'égard d'Ismaël je t'ai exaucé... voici je le bénirai ». (Genèse 17, 20).

La Sainte Bible, Parole vivante de Dieu, sera bientôt le livre que les Arabes liront, et probablement en hébreu. Quelle découverte !

Les Juifs aussi découvrent en ce moment leurs trésors anciens : la Bible, ancien et nouveau Testaments. Le chemin des Juifs et celui des Arabes, longtemps séparés, se rapprochent maintenant et vont désormais côte à côte vers Celui qui a dit : « Je suis le chemin, la vérité et la vie. Nul ne vient au Père que par moi ». (Jean 14, 6).

Béni sois-tu, ô Eternel, de ce qu'enfin le jour de la délivrance s'est approché ! Ton Fils apparaîtra bientôt du ciel dans la nuée pour prendre à Lui les élus des quatre vents de la terre.

« Oui, je viens bientôt. » « Viens Seigneur Jésus » notre Roi et Messie !

Moïse dans le Coran

Nous réunirons maintenant tous les passages du Coran concernant Moïse, « homme de Dieu » et auteur du Pentateuque.

Moïse naquit, nous dit la Bible, sous le règne d'un Pharaon, probablement Ramsès II. Ce fut à une époque très critique pour le Peuple juif, la première de son histoire. Pharaon craignait le jeune peuple qui manifestait, dès ce moment, ses extraordinaires capacités, et qui se multipliait rapidement. C'est alors que ce roi ordonna la mort de tous les enfants mâles des Hébreux, à leur naissance.

Le texte biblique nous dit qu' « un homme de la tribu de Lévi avait pris une femme d'entre les filles de Lévi ». Quand Moïse naquit dans leur foyer, « ils virent que l'enfant était beau aux yeux de Dieu ». Au lieu de le jeter dans le Nil, ils outrepassèrent l'ordre du roi et cachèrent l'enfant. Au bout de trois mois, ne pouvant plus le garder dans leur maison, ils décidèrent de le déposer, dans une caisse de jonc, entre les roseaux au bord du fleuve. Il fut recueilli par la fille de Pharaon, qui l'éleva comme son fils. Instruit dans toute la sagesse des Egyptiens, Moïse revint néanmoins vers son peuple et s'identifia avec lui, ayant le désir de leur venir en aide dans leur détresse. Il dut cependant abandonner cette tentative, faite sur sa propre initiative, et s'enfuir au pays de Madian. Il y connut Séphora, fille de Réuel, sacrificateur de Madian. Il eut d'elle deux fils : Guerschom et Eliezer.

A l'âge de 80 ans, alors qu'il paissait le troupeau de son beau-père dans le désert du Sinaï, l'Eternel lui apparut dans un buisson ardent et lui ordonna de retourner en Egypte pour en faire sortir son peuple et le ramener au pays de Canaan, qu'Il avait promis à Abraham, Isaac et Jacob. Moïse revint donc en Egypte. Avec son frère Aaron, il se présenta devant le Pharaon et lui demanda de laisser aller le Peuple. Le roi refusa.

Moïse opéra des prodiges et des miracles, en frappant les Egyptiens de dix plaies, dont la dernière fut la mort de tous leurs premiers-nés. Il finit par vaincre la résistance du roi.

Sous la conduite de Moïse, le peuple hébreu sortit de l'Egypte. Il franchit à pied sec la Mer Rouge qui se sépara des deux côtés après que Moïse l'eut frappée de son bâton. Les Egyptiens, qui les poursuivaient, y furent engloutis, car dès que les Hébreux en sortirent, la mer se referma.

Trois mois après, le peuple, se tenant au pied du Mont Sinaï, reçut de Dieu les dix commandements.

Moïse eut beaucoup de peine à conduire son Peuple. Mais « il fut un homme humble, plus que tous les hommes qui étaient sur la face de la terre ». (Nombres 12, 3).

Moïse n'entra pas dans le pays de Canaan. Il le vit du Mont Nébo. Durant cette marche dans le désert, il écrivit le Pentateuque, en commençant par la création du monde et l'histoire des peuples antiques. Il mourut à l'âge de 120 ans, laissant comme successeur Josué, fils de Nun, rempli de l'esprit de sagesse.

« Il n'a plus paru en Israël de prophète semblabe à Moïse que l'Eternel connaissait face à face ». (Deutéronome 34, 10). Il avait annoncé la venue du Messie : « L'Eternel te suscitera du milieu de toi, et d'entre tes frères, un prophète comme moi. Vous l'écouterez ». (Deutéronome 18, 15). Cette prophétie a eu son accomplissement en Jésus, le Fils de Dieu, qui ramena à la foi au Dieu d'Israël une multitude de païens.

Moïse est certainement, après Jésus, une des plus grandes figures non seulement du Peuple Juif, mais aussi de l'humanité toute entière.

MOISE CHEZ PHARAON

Chapitre 7 du Coran.

101. (Traduction M. Savary.) Moïse, qui suivit ces envoyés (Noé, Hod, etc...), se présenta à la cour de Pharaon. Il y opéra des prodiges, sans pouvoir vaincre l'opiniâtreté du roi et des grands. Voyez quelle est la fin des impies.

Nous remarquons ici le silence sur le récit merveilleux d'Exode 3, de la rencontre de Moïse avec l'Eternel qui lui parla du buisson ardent : v. 6 à 10 : « Dieu dit : ...Je suis le Dieu de ton père, le Dieu d'Abraham, le Dieu d'Isaac et le Dieu de Jacob. Moïse se cacha le visage, car il craignait de regarder Dieu. L'Eternel dit : J'ai vu la souffrance de mon peuple qui est en Egypte, et j'ai entendu les cris que lui font pousser ses oppresseurs, car je connais ses douleurs. Je suis descendu pour le délivrer de la main des Egyptiens, et pour le faire monter de ce pays dans un pays où coulent le lait et le miel, dans les lieux qu'habitent les Cananéens, les Héthiens, les Amoréens, les Phérésiens, les Héviens et les Jébusiens. Voici, les cris d'Israël sont venus jusqu'à moi et j'ai vu l'oppression que leur font souffrir les Egyptiens. Maintenant, va, je t'enverrai auprès de Pharaon et tu feras sortir d'Egypte mon peuple, les enfants d'Israël. »

102. Je suis le ministre du Souverain de l'univers, dit Moïse...

DISCOURS DE MOISE DEVANT PHARAON, D'APRES LE CORAN

103. Les ordres que je t'annoncerai de la part de Dieu sont véritables. Je ferai éclater devant toi des signes de sa puissance. Laisse partir avec moi les enfants d'Israël. Si tu as le pouvoir d'opérer des miracles, répondit le roi, qu'ils servent à attester ta mission.

Exode 4, 22 et 23 : « Tu diras à Pharaon : Ainsi parle l'Eternel : Israël est mon fils, mon premier-né. Je te dis : laisse aller mon fils, pour qu'il me serve. Si tu refuses de le laisser aller, voici, je ferai périr ton fils, ton premier-né ».

MOISE OPERE DES MIRACLES

104. Moïse jeta sa baguette, et elle se changea en serpent.

105. Il tira de son sein sa main, et sa blancheur étonna les spectateurs.

106. Cet homme, dirent les courtisans, est un enchanteur habile.

107. Il veut nous faire abandonner notre pays. Que dois-je faire, dit Pharaon ?

PHARAON ENVOIE CHERCHER LES MAGICIENS

108. Retenez-le, répondirent-ils, lui et son frère, et envoyez dans toutes les villes de votre empire,

109. avec ordre d'amener tous les habiles magiciens.

LES MAGES EXIGENT UNE RECOMPENSE

110. Les mages, rassemblés en grand nombre, firent au roi cette demande : Prince, serons-nous récompensés si nous sommes vainqueurs ?

---

111. Comptez sur ma générosité et sur ma faveur, répondit Pharaon.

---

112. Jette ta baguette, dirent les Mages à Moïse, ou bien nous jetterons les nôtres.

---

113. Commencez, dit Moïse. Ils jetèrent leurs baguettes et produisirent, aux regards des spectateurs, un spectacle étonnant.

114. Nous inspirâmes à notre ministre (Moïse) de jeter sa baguette. Elle se changea en serpent qui dévora les autres.

115. La vérité brilla dans tout son jour et leurs prestiges furent vains.

LES MAGES, CONVAINCUS, SE SONT CONVERTIS AU DIEU DE MOISE ET D'AARON

116. Les mages vaincus s'humilièrent.

117 Ils se prosternèrent pour adorer le Seigneur.

118. Et dirent : Nous croyons au Dieu de l'univers.

119. Nous croyons au Dieu de Moïse et d'Aaron.

CONVERSATION ORAGEUSE ENTRE LES MAGICIENS ET PHARAON

120. Vous avouez votre foi, leur dit Pharaon, avant que je vous aie permis de croire. C'est une fourberie que vous avez préméditée dans la ville pour en faire sortir les habitants (1). Mais bientôt vous verrez.

121. Je vous ferai couper les pieds et les mains, et vous serez crucifiés.

122. Nous devons tous retourner à Dieu, répondirent les magiciens.

123. Nous avons cru aux prodiges dont nous avons été témoins : voilà le crime qui nous attire ton indignation. Seigneur,

(1) « les habitants » : probablement la population juive.

Les autres traducteurs disent pour « croyants », « musul-

répands sur nous la patience et fais que nous mourions croyants.

mans ». Bien entendu, dans la Bible il n'est fait aucune allusion à une telle conversion.

FAISONS MOURIR LES ENFANTS MALES

124. Laisserez-vous partir Moïse et Aaron dirent les courtisans au roi, pour qu'ils souillent la terre de leurs crimes et qu'ils abandonnent vos dieux ? Faisons mourir leurs enfants mâles, répondit Pharaon. N'épargnons que leurs filles, et nous serons plus puissants qu'eux.

C'est avant la naissance de Moïse, comme nous le lisons en Exode 1, 15 à 20, que Pharaon, craignant l'accroissement rapide du peuple juif, donna cet ordre aux sages-femmes des Hébreux : « ...Si c'est un garçon, faites-le mourir. Si c'est une fille, laissez-la vivre. Mais les sages-femmes craignirent Dieu et ne firent point ce que leur avait dit le roi d'Egypte... ». A la question de Pharaon : « Pourquoi avez-vous agi ainsi ?... les sages-femmes répondirent : ...C'est que les femmes des Hébreux... sont vigoureuses et accouchent avant l'arrivée des sages-femmes. Dieu fit du bien aux sages-femmes et le peuple multiplia et devint très nombreux ».

MOISE AUX JUIFS : « IMPLOREZ LE SECOURS DU CIEL ! »

125. Moïse dit aux enfants d'Israël : Implorez le secours du ciel. Soyez patients. La terre appartient au Très-Haut. Il en donne l'héritage à ceux qu'il lui plaît. La vie future sera le partage de ceux qui le craignent.

Dans le texte biblique, ce n'est pas le Peuple qui implore l'aide de Dieu, sur ordre de Moïse, mais Moïse lui-même qui intercède, en Exode 5, 22 et 23 : « Moïse retourna vers l'Eternel et dit : « Seigneur, pourquoi as-tu fait du mal à ce peuple ? Pourquoi m'as-tu envoyé ? Depuis que je suis allé vers Pharaon pour parler en ton nom, il fait du mal à ce peuple et tu n'as point délivré ton peuple ».

MOISE PROMET LE PAYS AUX HEBREUX

126. Nous avons été opprimés avant toi, répondirent-ils.

Nous le sommes encore depuis que tu es notre guide. Dieu peut exterminer vos ennemis, ajouta le prophète, et vous donner leur royaume, pour voir comment vous vous conduirez.

Ce n'est pas le pays d'Egypte que Dieu avait promis au Peuple juif, mais le pays de Canaan.

DIEU PUNIT L'EGYPTE AVEC SEPT ANNEES DE FAMINE

127. Déjà nous avons fait sentir aux Egyptiens la stérilité et la famine, afin de leur ouvrir les yeux.

Les 7 années de famine du temps de Joseph, alors que Jacob et sa famille n'étaient pas encore en Egypte, n'ont rien de commun avec les plaies infligées aux Egyptiens, plus de deux siècles après, du temps de Moïse.

---

129. Les Egyptiens déclarèrent à Moïse qu'ils ne croiraient point, quelque prodige qu'il opérât pour les séduire.

CINQ PLAIES

130. Nous leur envoyâmes le déluge, les sauterelles, la vermine, les grenouilles et le sang, signes évidents de notre puissance. Mais ils persévérèrent dans leur orgueil et leur impiété.

Voici les plaies dont l'Eternel frappa les Egyptiens : les eaux changées en sang, les grenouilles, les poux, les mouches venimeuses, la mortalité des troupeaux des Egyptiens, les ulcères et les pustules sur les personnes et les animaux, la grêle, les sauterelles, les ténèbres, et enfin, la mort des premiers-nés. En tout, dix plaies.

---

131. Ecrasés sous le bras du Très-Haut, ils dirent à Moïse : invoque ton Dieu, suivant l'alliance que tu as contractée avec lui. S'il nous délivre de ses fléaux, nous croirons et nous laisserons partir avec toi les enfants d'Israël. Nous suspendî-

mes nos châtiments jusqu'au terme qu'ils avaient demandé, et ils violèrent leurs serments.

LES EGYPTIENS ENGLOUTIS DANS LA MER

132. Nous nous vengeâmes d'eux : nous les engloutîmes dans les abîmes de la mer, parce qu'ils avaient traité nos prodiges d'imposture.

Aucune mention de l'agneau que chaque famille des enfants d'Israël dut immoler, la nuit de leur sortie d'Egypte. La chair devait être rôtie et le sang aspergé sur les poteaux et linteaux des portes de leurs maisons, pour protéger de la mort leurs premiers-nés.

Rien, non plus, sur le merveilleux cantique de louange que Moïse et tout le peuple chantèrent, après leur délivrance, quand ils traversèrent la Mer Rouge à pied sec.

MOISE SUR LE MONT SINAI

138. Nous fixâmes à trente nuits le temps que Moïse devait rester sur la montagne et nous le complétâmes par dix autres nuits, en sorte que le temps de son entretien avec Dieu fut de quarante nuits. En partant il dit à son frère Aaron : Remplis ma place auprès du peuple. Conduis-toi avec sagesse et ne suis pas le sentier des méchants.

139. Moïse s'étant rendu au temps marqué et ayant entendu la voix de Dieu, lui adressa cette prière : Seigneur, daigne me laisser voir ta face. Tu ne saurais en supporter la vue, répondit Dieu. Regarde sur la montagne. Si elle demeure immobile, tu me verras. Dieu ayant paru environné de sa gloire, la montagne réduite en poudre

Exode 24, 12 à 18 : L'Eternel dit à Moïse : Monte vers moi sur la montagne, et reste là. Je te donnerai des tables de pierre, la loi et les ordonnances que j'ai écrites pour leur instruction. Moïse se leva, avec Josué qui le servait, et Moïse monta sur la montagne de Dieu. Il dit aux anciens : Attendez-nous ici, jusqu'à ce que nous revenions auprès de vous. Voici, Aaron et Hur resteront avec vous. Si quelqu'un a un différend, c'est à eux qu'il s'adressera. Moïse monta sur la montagne et la nuée couvrit la montagne. La gloire de l'Eternel reposa sur la montagne de Sinaï et la nuée la couvrit pendant six jours. Le septième jour, l'Eternel appela Moïse du milieu de la nuée.

s'affaissa et Moïse, épouvanté, se renversa par terre.

140. Moïse, relevé, s'écria : Louange au Très-Haut ! Soumis à ses volontés, je suis le premier des croyants.

141. Je t'ai choisi entre tous les hommes, lui dit le Seigneur, pour te charger de mes ordres. A toi seul j'ai fait entendre ma voix. Reçois ce don et en sois reconnaissant.

L'aspect de la gloire de l'Eternel était comme un feu dévorant sur le sommet de la montagne, aux yeux des enfants d'Israël. Moïse entra au milieu de la nuée et il monta sur la montagne. Moïse demeura sur la montagne quarante jours et quarante nuits.

LES TABLES DE LA LOI

142. C'étaient les tables où nous avions gravé des préceptes et des lois propres à diriger les hommes dans toutes leurs actions. Nous leur ordonnâmes de les recevoir avec affection et de les faire observer au peuple. Je leur montrerai la demeure des abominables.

« Préceptes et lois ». Il s'agit donc du Décalogue. Pourquoi Mahomet ne rapporte-t-il pas ce qui était gravé sur ces tables ?

LE VEAU D'OR MUGISSAIT

146. Les enfants d'Israël, après le départ de Moïse, fondirent leurs anneaux et formèrent un veau mugissant. Ne voyaient-ils pas qu'il ne pouvait leur parler ni les conduire ?

147. Ils en firent leur Dieu et devinrent sacrilèges.

Exode 32, 1 à 5 : Le peuple voyant que Moïse tardait à descendre de la montagne, s'assembla autour d'Aaron et lui dit : Allons ! fais-nous un dieu qui marche devant nous, car ce Moïse, cet homme qui nous a fait sortir du pays d'Egypte, nous ne savons ce qu'il est devenu. Aaron leur dit : Otez les anneaux d'or qui sont aux oreilles de vos femmes, de vos fils et de vos filles, et apportez-les moi. Et tous ôtèrent les anneaux d'or qui étaient à leurs oreilles et ils les apportèrent à Aaron. Il les reçut de leurs mains, jeta l'or dans un moule et fit un veau en fonte. Et ils dirent : Israël ! Voici ton dieu, qui t'a fait sortir du pays d'Egypte. Lorsqu'Aaron vit cela, il bâtit un autel devant lui et il s'écria : Demain il y aura fête en l'honneur de l'Eternel.

LE VEAU D'OR RENVERSE

148. Le veau ayant été renversé au milieu d'eux, ils reconnurent leur erreur et dirent : c'en est fait de nous si le Dieu clément et miséricordieux ne nous pardonne.

Les remarques que fait Mahomet sur le veau proviennent de fables talmudiques.

MOISE SAISIT AARON PAR LA TETE

149. Moïse, de retour vers les enfants d'Israël, s'écria, plein d'indignation : Vous vous êtes livrés à l'impiété depuis mon départ ! Voulez-vous hâter la vengeance divine ? Il jeta les tables, saisit son frère par la tête et le tira à lui. O mon frère ! lui dit Aaron, le peuple m'a fait violence. Il a été sur le point de me mettre à mort. Ne réjouis pas mes ennemis en m'accusant. Ne me mets pas au nombre des méchants.

Exode 32, 15 à 24 : Moïse retourna et descendit de la montagne, les deux tables du témoignage dans sa main. Les tables étaient ...l'ouvrage de Dieu et l'écriture était l'écriture de Dieu, gravée sur les tables. Josué entendit la voix du peuple qui poussait des cris et il dit à Moïse : Il y a un cri de guerre dans le camp. Moïse répondit : Ce n'est ni un cri de vainqueurs, ni un cri de vaincus. Ce que j'entends, c'est la voix de gens qui chantent. Et comme il approchait du camp, il vit le veau et les danses. La colère de Moïse s'enflamma. Il jeta de ses mains les tables et les brisa au pied de la montagne. Il prit le veau qu'ils avaient fait et le brûla au feu... Moïse dit à Aaron : Que t'a fait ce peuple, pour que tu l'aies laissé commettre un si grand péché ? Aaron répondit : Que la colère de mon seigneur ne s'enflamme point ! Tu sais toi-même que ce peuple est porté au mal. Ils m'ont dit : Fais-nous un dieu qui marche devant nous, car ce Moïse, cet homme qui nous a fait sortir du pays d'Egypte, nous ne savons ce qu'il est devenu. Je leur ai dit : Que ceux qui ont de l'or s'en dépouillent. Et ils me l'ont donné. Je l'ai jeté au feu et il en est sorti ce veau.

MOISE PRIE POUR LUI-MEME ET POUR AARON

150. Dieu clément, dit Moïse, aie pitié de moi et de mon frère. Exerce envers nous ta miséricorde infinie.

151. Ceux qui adorèrent le veau, frappés de la colère divine, seront couverts d'opprobre dans cette vie. C'est ainsi que nous récompensons les sacrilèges.

Exode 32, 7 à 14 : « L'Eternel dit à Moïse : Va, descends, car ton peuple que tu as fait sortir du pays d'Egypte, s'est corrompu. Ils se sont promptement écartés de la voie que je leur avais prescrite... Maintenant, laisse-moi. Ma colère va s'enflammer contre eux et je les consumerai. Mais je ferai de toi une grande nation. Moïse implora l'Eternel son Dieu et dit : Pourquoi, ô Eternel, ta colère s'enflammerait-elle contre ton peuple que tu as fait sortir du pays d'Egypte par une grande puissance et par une main forte ? Pourquoi les Egyptiens diraient-ils : C'est pour leur malheur qu'il les a fait sortir, c'est pour les tuer dans les montagnes et pour les exterminer de dessus la terre ? Reviens de ton ardente colère... Souviens-toi d'Abraham, d'Isaac et d'Israël, tes serviteurs auxquels tu as dit, en jurant par toi-même : Je multiplierai votre postérité comme les étoiles du ciel, je donnerai à vos descendants tout ce pays dont j'ai parlé, et ils le posséderont à jamais. Et l'Eternel se repentit du mal qu'il avait déclaré vouloir faire à son peuple. »

Exode 32, 31 à 35 : « Moïse retourna vers l'Eternel et dit : « Ah ! Ce peuple a commis un grand péché. Ils se sont fait un dieu en or. Pardonne maintenant leur péché, sinon, efface-moi de ton livre que tu as écrit. L'Eternel dit à Moïse : C'est celui qui a péché contre moi que j'effacerai de mon livre. Va donc, conduis le peuple où je t'ai dit. Voici, mon ange marchera devant toi, mais au jour de ma vengeance, je les punirai de leur péché. L'Eternel frappa le peuple parce qu'il avait fait le veau, fabriqué par Aaron. »

---

152. Ceux qui après un repentir sincère de leurs crimes croiront au Seigneur, éprouveront les effets de sa clémence.

Exode 34, 6 et 7. «...L'Eternel, Dieu miséricordieux et compatissant, lent à la colère, riche en bonté et en fidélité, qui conserve son amour jusqu'à mille générations, qui pardonne l'iniquité, la rébellion et le péché, mais qui ne tient point le coupable pour innocent, et qui punit l'iniquité des pères sur les enfants et sur les enfants des enfants jusqu'à la troisième et à la quatrième génération ».

D'APRÈS LE CORAN,
MOISE REPRIT LES DEUX MEMES TABLES DE PIERRE

153. Le courroux de Moïse s'étant apaisé, il prit les tables de la loi, où ceux qui ont la piété voient briller la lumière et la miséricorde du Seigneur.

Exode 34, 1 à 4. « L'Eternel dit à Moïse : Taille deux tables de pierre comme les premières et j'y écrirai les paroles qui étaient sur les premières tables que tu as brisées. Sois prêt de bonne heure et tu monteras dès le matin sur la montagne de Sinaï. Tu te tiendras là devant moi, sur le sommet de la montagne ».

LES SOIXANTE-DIX ANCIENS ENGLOUTIS PAR UN TREMBLEMENT DE TERRE

154. Moïse sépara du peuple soixante-dix hommes suivant nos ordres. Un tremblement de terre les engloutit. Seigneur, dit Moïse, tu aurais pu les faire périr avant ce jour et m'envelopper dans leur ruine. Nous extermineras-tu parce qu'il y a eu des insensés parmi nous ? Tu égares et tu diriges les humains a ton gré. Tu es notre protecteur. Tu as voulu éprouver ton peuple. Aie compassion de nous et nous pardonne : ta clémence est sans bornes.

155. Verse tes dons sur nous dans ce monde et dans l'autre puisque nous sommes retournés à toi. Dieu répondit : Je choisirai les victimes de mes vengeances. Ma miséricorde s'étend sur toutes les créatures. Elle sera le prix de ceux qui ont la piété, qui font l'aumône prescrite et qui croient à mes commandements.

Mahomet semble confondre ici deux textes différents :

1) Exode 24, 1 et 9 à 11 : « Dieu dit à Moïse : Monte vers l'Eternel, toi... et soixante-dix anciens d'Israël et vous vous prosternerez de loin... Moïse monta... et les soixante-dix anciens d'Israël. Ils virent le Dieu d'Israël... Il n'étendit point sa main sur l'élite des enfants d'Israël ».

2) Nombres 11, 16-17 et 25 : « L'Eternel dit à Moïse : Assemble auprès de moi soixante-dix hommes des anciens d'Israël, de ceux que tu connais comme anciens du peuple et ayant autorité sur lui... Je descendrai et... je te parlerai. Je prendrai de l'esprit qui est sur toi et je le mettrai sur eux, afin qu'ils portent avec toi la charge du peuple et que tu ne la portes pas à toi seul... Il prit de l'esprit qui était sur lui et le mit sur les soixante-dix anciens et... ils prophétisèrent ».

Mais dans aucun de ces deux textes il n'est dit que l'Eternel a voulu les détruire. Quant à la volonté souveraine de Dieu, (voir au verset 154 du Coran, ces mots : « Tu égares et tu diriges les humains à ton gré »), le texte d'Exode 33, 19 est : « L'Eternel répondit : ...je fais grâce à qui je fais grâce, et miséricorde à qui je fais miséricorde ».

MAHOMET INTRODUIT SA PERSONNE ET SA MISSION DANS LE RECIT SUR MOISE ET LES ENFANTS D'ISRAEL

156. Ceux qui croiront au prophète que n'éclaire point la science humaine et dont le Pentateuque et l'Evangile font mention, ceux qui l'honoreront, l'aideront et suivront la lumière descendue du ciel, auront la félicité en partage. Il commandera la justice, proscrira l'iniquité, permettra l'usage des aliments purs, défendra ceux qui sont immondes et déchargera les fidèles de leurs fardeaux et des chaînes qu'ils portaient.

« Au prophète que n'éclaire point la science humaine ». Les autres traducteurs disent : « au prophète illettré ».

Mahomet met toutes les paroles de ce verset, à son sujet, dans la bouche de Dieu.

* * *

Chapitre 10

L'histoire de Moïse et d'Aaron revient à plusieurs reprises dans le Coran. Dans ce chapitre 10, on la retrouve pour la deuxième fois. Nous ne répéterons pas tout ce que nous avons déjà vu sur eux au chapitre 7.

LES JUIFS, EN EGYPTE, DEVAIENT PRIER, LA FACE TOURNEE VERS LA MECQUE

87. Nous inspirâmes à Moïse et à son frère de bâtir en Egypte des maisons pour les enfants d'Israël, de les tourner vers le lieu où l'on fait la prière, de faire célébrer les louanges de Dieu et d'annoncer nos récompenses aux croyants.

Mahomet, au début de sa carrière, priait, la face tournée vers Jérusalem, comme le faisait Daniel, (ch. 6, v. 10), ainsi que le Peuple juif depuis la destruction du Temple. Mais quand Mahomet vit que les Juifs, en Arabie, ne voulaient pas croire en lui, il changea brusquement de direction et pria, sa face tournée vers la Mecque.

Le Coran, ch. 2, v. 136 « L'insensé demandera : pourquoi Mahomet a-t-il changé le lieu vers lequel on adressait la prière ?... » V. 138 : « Nous avons changé le lieu vers lequel vous priez, afin de distinguer ceux qui suivent l'envoyé de Dieu de ceux qui retournent à l'infidélité ».

Ceci expliquerait la raison pour laquelle il fait dire à Moïse et à Aaron qu'ils avaient reçu l'ordre de prier, la face tournée vers la Mecque, et cela 1900 ans environ avant l'Hégire !

MOISE PRIE DIEU D'ECARTER DE SA LOI LES EGYPTIENS...

88. Seigneur, s'écria Moïse, tu as donné à Pharaon et aux grands de son empire, la splendeur et les biens terrestres. Ecarte-les de ta loi. Anéantis leurs richesses, endurcis leurs cœurs. Qu'ils soient fermés à la foi jusqu'à ce qu'ils voient fondre sur eux tes châtiments terribles.

89. Ta prière est exaucée, répondit le Seigneur. Soyez justes. Eloignez-vous de ceux qui sont dans l'aveuglement.

Nulle part dans le Pentateuque ne se trouve une telle prière de Moïse !

FABLE CONCERNANT LE CORPS DE PHARAON

90. Nous ouvrîmes aux enfants d'Israël un chemin à travers les eaux. Pharaon et son armée les poursuivirent, les armes à la main. Ils furent engloutis dans la mer. Pharaon s'écria alors : Je crois qu'il n'y a de Dieu que le Dieu des Hébreux ! J'embrasse leur croyance.

91. Tu crois, et jusqu'à cet instant tu as été rebelle et corrompu.

92. Nous retirerons ton corps de la mer afin qu'il serve d'exemple à la postérité.

Exode 14, 30 : « Israël vit sur le rivage de la mer les Egyptiens qui étaient morts ». Se basant sur ce verset, une légende talmudique raconte que le corps de Pharaon remonta à la surface des eaux et fut visible pour les Juifs. Mais cette légende talmudique et son écho dans le Coran sont plutôt une déformation d'Exode 9, 15 et 16 : « L'Eternel dit à Moïse : ...présente-toi devant Pharaon. Tu lui diras : ...Si j'avais étendu ma main et que je t'eusse frappé par la mortalité, toi et ton peuple, tu aurais disparu de la terre. Mais je t'ai laissé subsister, afin que tu voies ma puissance et que l'on publie mon nom par toute la terre ».

DIEU JUGERA LES JUIFS POUR AVOIR REFUSE « LA LUMIERE » EN MAHOMET ET LE CORAN

93. Nous donnâmes aux enfants d'Israël une habitation sûre et des aliments purs. Ils n'ont disputé sur la religion que quand ils ont vu la lumière. Le Très-Haut jugera leurs différends au jour de la résurrection.

« Une habitation sûre » : le pays de Canaan. « Quand ils ont vu la lumière » : D'après quelques-uns il s'agit de la Loi. Mais il pourrait s'agir du Coran, si on compare ce verset 93 à cet autre du Coran, ch. 45, 16 : « Ils n'ont disputé que lorsque la connaissance de l'Islamisme leur est venue ».

DIEU ORDONNE A MAHOMET D'INTERROGER LES JUIFS

94. Si notre doctrine élevait quelques doutes en ton cœur, interroge ceux qui ont lu le Pentateuque avant toi. Dieu t'a envoyé la vérité. Garde-toi d'en douter.

Mahomet, en cas de doute, devait interroger les Juifs, qui n'auraient certainement pas pu confirmer cette doctrine qui tordait les Ecritures. Mais, d'après un commentateur arabe, Gelaleddin, Mahomet aurait répondu à l'ange qui lui apportait ce verset, qu'il ne doutait pas et que par conséquent il n'avait à interroger personne. Mais il aurait mieux valu qu'il le fasse !

* * *

Chapitre 11, versets 99 à 101, du Coran, 3ᵉ répétition de l'histoire de Moïse et Aaron, sans rien de particulier à noter.

* * *

Chapitre 17 : 4ᵉ répétition de l'histoire de Moïse et Aaron.

103. Nous donnâmes à Moïse le pouvoir d'opérer neuf miracles. Interroge les enfants d'Is-

« Neuf miracles ». Voir à ce sujet notre note pour le verset 130 du ch. 7, du Coran, où il

raël dont il fut le guide. Tu n'es à mes yeux, lui dit Pharaon, qu'un imposteur...

n'est question que de cinq miracles. Mais la Bible nous rapporte qu'il y en eut dix.

---

104. Tu sais, lui répondit Moïse, que ces merveilles ne peuvent être que l'ouvrage du Souverain des cieux et de la terre. Ce sont des signes évidents. O Pharaon ! je vois ta perte certaine !

PHARAON VOULUT CHASSER LES JUIFS D'EGYPTE ET EN FUT PUNI

105. Pharaon voulut chasser les Hébreux d'Egypte. Nous l'ensevelîmes dans les eaux avec une partie de son peuple.

HABITEZ LA PALESTINE !

106. Nous dîmes ensuite aux enfants d'Israël : habitez la terre. Lorsque la promesse de la vie future sera venue, nous vous rassemblerons tous.

Quelle preuve évidente pour les Arabes que la Palestine actuelle fut donnée par Dieu aux Juifs !

« La terre » signifie, d'après les commentateurs, la Palestine.

* * *

Au chapitre 18, 5ᵉ répétition de l'histoire de Moïse et d'Aaron.

FABLE STUPEFIANTE SUR MOISE

59. Je ne cesserai de marcher, dit Moïse à son serviteur, jusqu'à ce que je sois parvenu à l'endroit où les deux mers se joignent, ou je marcherai pendant plus de quatre-vingts ans.

60. Lorsqu'ils y furent arrivés, ils oublièrent leur poisson, qui s'en retourna dans la mer par une voie souterraine.

Note N° 4, d'E. Montet, (le Coran, page 384) : « Cette histoire de Moïse n'a rien de biblique. Elle a plus de parenté avec le folklore qu'avec l'Ancien Testament. Le caractère tout-à-fait légendaire de ce récit apparaît dans la suite des incidents qui le constituent et qui le suivent, sans avoir de rapport les uns avec les autres ».

Cette histoire a sa source dans les fables talmudiques.

Note (e) de G. Sale, (le Coran page 222) : « Pour expliquer ce passage, les commentateurs racontent l'histoire suivante : Moïse prêchait un jour au peuple. Il en fut tant admiré qu'ils lui demandèrent s'il connaissait un homme plus sage que lui. Moïse répondit négativement. Dieu le réprimanda pour une telle présomption et lui révéla l'existence d'un certain Al Khedr qui avait plus de connaissance que lui. Moïse voulut le rencontrer. Dieu lui dit qu'il pouvait le voir près d'un certain rocher, là où les deux mers se rencontrent. Il lui enjoignit de prendre dans son panier un poisson. Le jour où le poisson s'en échapperait, il reconnaîtrait qu'il a atteint cet endroit. Moïse se mit donc en marche, avec son serviteur Josué, à la recherche de cet Al Khedr ».

Nous n'ajouterons rien de nous-mêmes à ce sujet.

---

61. Ils passèrent outre, et Moïse dit à son serviteur : Apporte-moi de la nourriture. Notre voyage a été fatigant.

62. Avez-vous fait attention, lui répondit le serviteur, à ce qui est arrivé auprès du rocher où nous avons passé ? J'y ai laissé le poisson. Satan me l'a fait oublier et il est miraculeusement retourné dans la mer.

63. C'est ce que je désirais, reprit Moïse. Et ils s'en retournèrent.

64. Ils rencontrèrent un serviteur de Dieu, comblé de Ses grâces et éclairé de Sa science.

65. Permets-moi de te suivre, lui dit Moïse, afin que je m'instruise dans la vraie doctrine qui t'a été révélée.

66. Tu ne seras point assez constant, lui répondit le sage, pour rester avec moi.

67. Comment pourras-tu t'abstenir de m'interroger sur des événements que tu ne comprendras point ?

68. S'il plaît à Dieu, reprit Moïse, j'aurai de la constance et une obéissance entière.

69. Si tu m'accompagnes, ne m'interroge sur aucun fait avant que je ne t'en aie parlé.

70. Ils partirent. Etant entrés dans une barque, le serviteur de Dieu la mit en pièces. Etait-ce pour nous faire périr, lui demanda Moïse, que tu as brisé cette barque ? Voilà une action bien merveilleuse !

71. Ne t'ai-je pas dit que tu n'étais point assez patient pour rester avec moi ?

72. Que l'oubli de ma promesse, dit Moïse, ne t'irrite pas. Ne m'impose point une obligation trop difficile.

73. Ils se remirent en chemin, et ayant rencontré un jeune homme, le serviteur de Dieu le tua. Eh quoi ! s'écria Moïse, tu viens de mettre à mort un innocent. Il n'est coupable d'aucun meurtre. Tu as commis un crime !

74. Ne t'ai-je pas dit que tu n'étais point assez patient pour rester avec moi ?

75. Excuse-moi encore, ajouta Moïse, mais si désormais je te fais une seule question, ne me permets plus de t'accompagner.

76. Ils continuèrent leur route et arrivèrent aux portes d'une cité. Ils demandèrent l'hospitalité aux habitants. On la leur refusa. Un mur menaçait ruine. Le serviteur de Dieu le rétablit dans sa première solidité. Tu aurais pu, lui dit Moïse, attacher un prix à ce bienfait.

77. Ici nous nous séparons, répondit le serviteur de Dieu, mais auparavant je veux t'apprendre la signification de ces actions sur lesquelles tu n'as pu garder le silence.

78. La barque appartenait à de pauvres mariniers. Je l'ai mise en pièces parce qu'il y avait à sa poursuite un roi qui enlevait tous les bateaux de force.

79. Le jeune homme était né de parents fidèles, et j'ai craint qu'il ne les infectât de ses erreurs et de son incrédulité.

80. J'ai voulu que Dieu leur donnât des fils meilleurs, plus tendres et plus dignes de ses grâces.

81. Le mur était l'héritage de deux jeunes orphelins. Il cachait un trésor qui leur appartenait. Leur père fut juste et Dieu a voulu les laisser parvenir à l'âge de raison, avant qu'ils retirassent leur trésor. Ce n'est pas de mon propre chef que j'ai fait tout cela. Voilà l'explication des événements qui ont provoqué tes questions.

Les versets 61 à 81 se passent de commentaire.

* * *

Chapitre 19 : 6° répétition de l'histoire de Moïse et Aaron.

52. Mentionne dans le Coran les vertus de Moïse. Il fut envoyé et prophète.

53. Nous l'appelâmes du flanc droit du Mont Sinaï et nous le fîmes approcher pour s'entretenir avec nous.

54. Nous créâmes son frère Aaron prophète par un bienfait de notre miséricorde.

* * *

Chapitre 20 : 7° répétition de l'histoire de Moïse et d'Aaron.

8. As-tu entendu réciter l'histoire de Moïse ?

RECIT PEU CONFORME A CELUI DE LA BIBLE

9. Lorsqu'il vit le buisson enflammé, il dit à sa famille : Arrêtez-vous ici. J'aperçois le feu.

10. Peut-être que j'en apporterai une étincelle et que j'y trouverai de quoi me conduire.

11. Lorsqu'il s'en fut approché, une voix lui cria : Moïse !

12. Je suis ton Dieu. Quitte ta chaussure car tu es dans la vallée sainte de Thoï.

13. Je t'ai élu. Ecoute attentivement ce que je vais te révéler.

14. Je suis le Dieu unique. Adore-moi et fais la prière en mon nom.

15. L'heure viendra. Peu s'en est fallu que je ne te l'aie révélé.

Nous lisons en Exode 3, 1 à 6 : « Moïse faisait paître le troupeau de Jethro son beau-père... derrière le désert... à Horeb. L'ange de l'Eternel lui apparut dans une flamme de feu au milieu d'un buisson... Moïse regarda... le buisson ne se consumait point. Moïse dit : je veux me détourner pour voir quelle est cette grande vision... Dieu l'appela du milieu du buisson : Moïse, Moïse !... Ote les souliers de tes pieds, car le lieu sur lequel tu te tiens est une terre sainte. Et Il ajouta : Je suis le Dieu de ton père, le Dieu d'Abraham, le Dieu d'Isaac et le Dieu de Jacob. Moïse se cacha le visage, car il craignait de regarder Dieu.

16. On rendra à chacun selon ses œuvres.

17. Que l'incrédule, aveuglé par ses passions, ne t'empêche pas de croire si tu crains de périr.

MOISE ENFANT SAUVE DANS UN PANIER

37. Déjà nous t'avions donné des preuves de notre bonté vigilante,

38. lorsque nous fîmes entendre ces paroles à ta mère :

39. Mets ton fils dans un panier. Laisse-le flotter sur le Nil. Il le portera au rivage. Mon ennemi et le sien l'accueillera et je lui inspirerai de l'amour pour lui.

40. Il sera sous ma sauvegarde.

41. Ta sœur se promenait sur le bord du fleuve. Voulez-vous, dit-elle, que je vous indique une nourrice ? Nous te rendîmes à ta mère, afin de tranquilliser son cœur et sécher ses larmes. Tu mis à mort un Egyptien. Nous te délivrâmes du supplice. Nous t'éprouvâmes ensuite.

etc... etc...

Du verset 37 au verset 84 : continuation du récit. Il est analogue à l'histoire de Moïse et d'Aaron déjà mentionnée.

MOISE DESAPPROUVE DE DIEU
POUR SA HATE D'ALLER VERS LUI SUR LA MONTAGNE

85. Qui t'a sitôt fait quitter ton peuple ? dit Dieu à Moïse.

86. Seigneur, répondit-il, c'est le désir de t'être agréable. Les Enfants d'Israël s'avancent sur mes pas.

Nous ne trouvons aucune trace de cette question de Dieu à Moïse dans le récit biblique d'Exode. Moïse n'alla vers Dieu sur la montagne qu'à Son appel.

« SAMERI » OU « SAMARITAIN » DANS LE RECIT SUR MOISE

87. Nous les avons éprouvés, ajouta le Seigneur, depuis ton départ. Sameri les a égarés.

Les versets suivants du Coran relatent de nouveau l'incident du veau d'or,

d'Exode 32, 7 et 8 : « Va, descends, dit l'Eternel à Moïse... Ils se sont fait un veau en fonte. Ils se sont prosternés devant lui... ».

« Sameri » : Les commentateurs arabes sont embarrassés au sujet de ce personnage. Ce mot arabe pourrait être traduit par « Samaritains ». Mahomet les introduirait à l'époque de Moïse, alors qu'ils n'apparaissent dans la Bible que 750 ans environ plus tard. Nous lisons en 2 Rois 17, 24 : « Le roi d'Assyrie fit venir des gens de Babylone, de Cutha, d'Avva, de Hamath et de Sepharvaïm et les établit dans les villes de Samarie... ».

Ces peuplades, bien que craignant l'Eternel, demeurèrent idolâtres : 2 Rois 17, 33 : « Ils craignaient l'Eternel et ils servaient en même temps leurs dieux, d'après la coutume des nations d'où on les avait transportés ».

L'aversion des Juifs à l'égard des Samaritains continua. Nous la retrouvons dans le Nouveau Testament : Jean 4, 9 : « Les Juifs... n'ont pas de relations avec les Samaritains ». Ce mot devint même péjoratif. On l'employait pour désigner tout mauvais Juif : Jean 8, 48 : « Les Juifs répondirent à Jésus : N'avons-nous pas raison de dire que tu es un Samaritain et que tu as un démon ? ».

Mahomet semble confondre les Samaritains avec ce ramassis de gens dont il est question en Nombres 11, 4 : « Le ramassis de gens qui se trouvaient au milieu d'Israël fut saisi de convoitise ». Ce ramassis était « une multitude de gens de toute espèce qui montèrent avec les enfants d'Israël du pays d'Egypte ». Exode 12, 38.

Les rabbins disent que tous les péchés commis par les enfants d'Israël durant leur marche à travers le désert leur avaient été inspirés par ce ramassis de gens. Mais cela est une exagération de la part des rabbins.

UNE POIGNEE DE POUSSIERE PRISE SOUS LE PIED DU CHEVAL DE GABRIEL DONNA LA VIE AU VEAU D'OR

96. Qu'as-tu fait ? demanda Moïse à Sameri. J'ai, dit celui-ci, des connaissances que le peuple n'a pas. J'ai pris la poussière sous les pas du coursier de l'envoyé céleste. Je l'ai jetée dans la fournaise : c'est une idée que mon esprit m'a suggérée

Note N° 1, d'E. Montet (le Coran, page 412) : « D'après la tradition musulmane, une poignée de la poussière ayant reçu l'empreinte du pied du cheval de l'ange Gabriel aurait donné l'apparence de la vie au veau d'or ».

---

97. Fuis loin d'ici. Tu diras à tous ceux que tu rencontreras : « Ne me touchez pas. C'est une punition à laquelle tu seras soumis jusqu'à la mort. Vois ce dieu dont tu étais l'adorateur zélé, il va devenir la proie des flammes et sa cendre sera jetée dans la mer.

Exode 32, 20 : « Moïse prit le veau qu'ils avaient fait et le brûla au feu. Il le réduisit en poudre, répandit cette poudre à la surface de l'eau et fit boire les enfants d'Israël ».

MAHOMET REÇUT CES CONTES DIRECTEMENT DE DIEU

99. Nous te racontons ainsi ces événements passés. Nous t'avons apporté le livre des avertissements.

Mahomet donne ici l'impression que Dieu lui raconte ces faits bibliques comme s'ils n'avaient pas encore été connus ou qu'il n'y avait pas d'autre moyen de les connaître, alors qu'ils étaient connus par la Bible depuis bien des siècles avant Mahomet.

* * *

Chapitre 21 : 8ᵉ répétition de l'histoire de Moïse et d'Aaron.

49. Nous donnâmes à Moïse et à Aaron le livre qui distingue le bien du mal. Il est la lumière et la règle de ceux qui sont pieux,

50. de ceux qui craignent le Seigneur dans le secret et qui redoutent l'heure fatale.

« Le livre des avertissements » : le Pentateuque.

---

51. Et ce livre béni, nous l'avons envoyé du ciel. Nierez-vous sa doctrine ?

* * *

Chapitre 23 : 9ᵉ répétition de l'histoire de Moïse et d'Aaron.

Les versets 47 à 51 ne contiennent rien de plus de ce qui a été dit auparavant.

* * *

Chapitre 25 : 10° répétition de l'histoire de Moïse et d'Aaron.

37. Nous donnâmes le Pentateuque à Moïse. Nous lui donnâmes son frère Aaron pour conseiller.

Aaron n'était pas le *conseiller* de Moïse mais son *porte-parole*.

LES EGYPTIENS NIENT L'ISLAM

38. Nous leur commandâmes d'aller trouver le peuple qui avait nié la vérité de notre religion, et nous l'exterminâmes.

D'après ce verset, le peuple égyptien aurait été exterminé. D'après la Bible, seules les armées de Pharaon le furent.

* * *

Chapitre 26 : 11° répétition de l'histoire de Moïse et d'Aaron.

Dans les versets 9 à 66, les faits ressemblent à peu de choses près à ceux rapportés au chapitre 7 du Coran. Nous ne voyons pas l'utilité de les répéter. Cependant, nous ajouterons que les détails donnés ici sur la conversation entre l'Eternel et Moïse, et ensuite sur celle entre Moïse et Pharaon, donnent à celui qui connaît la Bible, l'impression de sortir d'une atmosphère spirituelle et céleste, pour pénétrer dans une ambiance terre à terre.

* * *

Chapitre 27 : 12° répétition de l'histoire de Moïse et d'Aaron.

7. J'ai aperçu du feu, dit Moïse à sa famille : j'y cours. Peut-être vous apporterai-je du bois enflammé pour vous chauffer.

8. Lorsqu'il s'en fut approché, une voix fit entendre ces mots : Béni soit celui qui est dans ce feu et qui l'environne ! Louange à Dieu, Souverain des mondes !

9. O Moïse ! Je suis le Dieu puissant et sage !

Comparons ces paroles avec Exode 3, 4 à 7 : « L'Eternel vit que Moïse se détournait pour voir (le buisson dans une flamme de feu) et Dieu l'appela du milieu du buisson... : Moïse, Moïse, et il répondit : me voici ! Dieu dit : ôte les souliers de tes pieds, car le lieu sur lequel tu te tiens est une terre sainte... Je suis le Dieu de ton père, ...D'Abraham... d'Isaac... de Jacob... J'ai vu la souffrance de mon peuple qui est en Egypte ».

Chapitre 28 : 13° répétition de l'histoire de Moïse et Aaron.

4. Nous voulions combler de biens ceux qui étaient opprimés, les élever et leur donner un héritage.

« ceux qui étaient opprimés » : les Juifs

« les élever » : en faire un peuple « modèle » ou « élu ».

« héritage » : le pays de Canaan.

HAMAN, DU LIVRE D'ESTHER, INTRODUIT PAR MAHOMET DANS LE RECIT SUR MOISE

5. Nous voulions leur assurer une habitation sur la terre, et déployer aux yeux de Pharaon, d'Haman et de toutes leurs armées, les prodiges qu'ils redoutaient.

Les commentateurs arabes sont embarrassés au sujet de ce Haman, placé à côté de Pharaon. Ils prétendent qu'il s'agit simplement d'un homme du temps de Pharaon, portant ce nom.

Mais à notre avis, il n'y a aucun doute qu'il s'agit bien de Haman, du temps de Mardochée, que nous trouvons dans le livre d'Esther. Un millier d'années environ séparent ces deux événements de l'histoire du peuple juif, l'un en Egypte et l'autre dans l'empire des Perses et Mèdes. La raison pour laquelle nous trouvons dans ce texte Haman à côté de Pharaon est simple. Les Juifs placent ces deux hommes parmi les ennemis les plus cruels dans leur histoire, (mis à part Hitler qui les a dépassés, de 1933 à 1945). Ils en parlaient souvent et Mahomet les entendait. Comme nous l'avons constaté tout au long de la lecture du Coran, celui-ci se fait l'écho des faits et des légendes de l'histoire du peuple d'Israël.

* * *

14ᵉ Répétition de l'histoire de Moïse et d'Aaron.

LE BEBE MOISE REFUSE LE LAIT DES NOURRICES EGYPTIENNES

11. Fidèle à notre défense, l'enfant refusa le lait des nourrices étrangères. Voulez-vous, dit sa sœur, que je vous indique une famille où il sera nourri et élevé avec soin ?

Mahomet a tiré cela d'une fable juive selon laquelle Moïse refusa de prendre le sein des nourrices non-juives.

De 12 à 37

Peu de variations avec les autres récits de cette même histoire dans le Coran.

HAMAN CONSTRUIT UNE TOUR POUR PERMETTRE A PHARAON DE MONTER VERS DIEU

38. Seigneurs, dit Pharaon à ses courtisans, je ne pense pas que vous ayez d'autre Dieu que Moi. Haman, prépare des briques, et qu'on bâtisse une tour élevée, afin que je monte vers le Dieu de Moïse, quoique cet homme me semble un imposteur.

La Bible rapporte l'incident des briques pour la construction d'une tour, mais dans un tout autre contexte. Il se trouve en Genèse 11 : « Toute la terre avait une seule langue... Ils étaient partis de l'Orient. Ils trouvèrent une plaine au pays de Schinear et ils y habitèrent. Ils se dirent... Allons ! *Faisons des briques et cuisons-les au feu.* Et la brique leur servit de pierre... Ils dirent encore : *Bâtissons-nous une ville et une tour dont le sommet touche au ciel*, et faisons-nous un nom... L'Eternel descendit pour voir la ville et la tour... L'Eternel dit : Allons ! Descendons et confondons leur langage... C'est pourquoi on l'appela du nom de Babel, car c'est là que l'Eternel confondit le langage de toute la terre et c'est de là que l'Eternel les dispersa sur la face de toute la terre. »

43. Après avoir détruit les premiers peuples, nous donnâmes à Moïse le Pentateuque, pour rappeler sur la terre le souvenir du Seigneur. Ce livre est le gage des grâces célestes.

« peuples » : d'autres traduisent : « générations ».

Mahomet affirme dans le Coran que la succession des prophètes est due au fait que Dieu, après avoir détruit les premières générations, en a suscité d'autres, et les nouvelles ont besoin d'un nouveau messager. Par conséquent, après en avoir terminé avec les enfants d'Israël, Dieu l'aurait suscité, lui Mahomet, pour la nouvelle génération, succédant ainsi à Jésus, à Moïse, etc... Mais cela est faux, car la Parole de Dieu demeure éternellement et est pour toutes les générations. C'est pour cette raison que Dieu ordonne à maintes reprises aux prophètes d'écrire Ses Paroles dans un livre : à Moïse, en Exode 34, 27 : « L'Eternel lui dit : Ecris ces Paroles ». A Jérémie, 30, 2 : « Ainsi parle l'Eternel, le Dieu d'Israël : Ecris dans un livre toutes les Paroles que je t'ai dites », etc... Et c'est ainsi que la Bible nous a été transmise intégralement. Et après que le dernier livre de la Bible, l'Apocalypse, ait été écrit, nous lisons au ch. 22, v. 18 et 19 : « Je le déclare à quiconque entend les Paroles de la Prophétie de ce livre : si quelqu'un y ajoute quelque chose, Dieu le frappera des fléaux décrits dans ce livre. Et si quelqu'un retranche quelque chose des paroles du livre de cette prophétie, Dieu retranchera sa part de l'arbre de la vie et de la ville sainte, décrits dans ce livre ».

51. Nous leur avons fait entendre la parole de la foi afin de les tirer de leur égarement.

CERTAINS JUIFS ET CERTAINS CHRETIENS CROIRAIENT AU CORAN

52. Ceux à qui (Juifs et Chrétiens) nous donnâmes les Ecritures croient au Coran.

Les chrétiens n'y peuvent croire à cause de Galates 1, 7 et 8 : « ...quand un ange du ciel annoncerait un autre Evangile... qu'il soit anathème ! », et les Juifs ne pouvaient pas l'accepter comme livre inspiré.

ILS ETAIENT MUSULMANS AVANT LA VENUE DE MAHOMET

53. Ils s'écrient, lorsqu'on leur explique sa doctrine : Nous croyons qu'il est la vérité de Dieu. Avant sa venue (venue de Mahomet) nous étions musulmans.

D'après ce verset, Juifs et Chrétiens croyaient déjà en Mahomet et étaient musulmans avant sa venue. M. Hamidullah : « Déjà à la Mecque *certains chrétiens* avaient embrassé l'Islam, et à Médine certains Juifs s'étaient convertis ».

---

54. Ils recevront une double récompense, parce qu'ils ont souffert avec patience, qu'ils ont rendu le bien pour le mal et versé dans le sein de l'indigent une portion des richesses que nous leur avions départies.

M. Hamidullah : « DOUBLE RECOMPENSE » : les Juifs et les Chrétiens qui embrassent l'Islam, méritent double récompense. Car, dit une parole rapportée de Mahomet, ces gens du Livre, après avoir suivi un Prophète, ont à en suivre un autre.

JUIFS ET CHRETIENS FINIRONT PAR DEVENIR MUSULMANS

55. Lorsqu'ils entendent les railleries des méchants, ils s'en éloignent, et ils disent : Nous avons pour nous nos œuvres. Vous rendrez compte des vôtres. La paix soit avec vous. Nous n'aspirons point à l'amitié de ceux qu'aveugle l'ignorance.

Le grand rêve de Mahomet était de voir les Juifs et les Chrétiens le suivre. Il leur promettait une double récompense. Les Musulmans des siècles écoulés ont aspiré aussi à cela, et ils ont parfois utilisé l'épée pour y parvenir.

LA REVOLTE DE KORE

76. Caron (Koré), un des enfants d'Israël, s'était abandonné à l'orgueil. Nous lui avions départi des richesses immenses. Plusieurs hommes robustes auraient eu peine à porter les clefs qui les tenaient enfermés. Ne te livre point aux excès de la joie, lui dirent les Hébreux : Dieu hait la joie insolente.

77. Efforce-toi d'acquérir, avec les biens que tu possèdes, le séjour éternel. N'oublie pas la portion dont tu as été favorisé dans ce monde. Sois bienfaisant comme Dieu l'a été envers toi. Ne souille pas la terre de tes crimes. Dieu hait les corrupteurs.

78. Mes trésors, répondit Caron, sont le prix de ma science. Ignorait-il que Dieu a exterminé des peuples puissants et nombreux ? Mais les scélérats ne seront point interrogés sur leurs forfaits.

79. Caron s'avançait vers le peuple avec pompe. Ceux pour qui la vie mondaine a des charmes disaient : plût à Dieu que nous fussions aussi riches que Caron ! Il possède une fortune immense.

80. Malheur à vous, disaient ceux que la science éclairait. La récompense que Dieu prépare au croyant vertueux est bien préférable. Elle n'est destinée qu'à ceux qui souffriront avec patience.

81. Nous ouvrîmes la terre. Caron et son palais furent engloutis. Le nombre de ses esclaves ne put le défendre contre le

Koré, appelé ici Caron, appartenait à la tribu de Lévi, c'est-à-dire à la même que Moïse et Aaron. En Nombres 16, il nous est dit qu'il se révolta contre Moïse parce que celui-ci octroya, d'après l'ordre de Dieu, le sacerdoce à Aaron son frère et à ses descendants. Koré et ses deux cent cinquante partisans étaient des gens de renom et parmi ceux qu'on convoquait à l'Assemblée. (v. 2). Le motif de la révolte fut donc la jalousie. (v. 3). Moïse en fut très attristé (v. 4). Sur l'ordre de Dieu, il convoqua Koré et sa bande, en présence de toute l'assemblée des enfants d'Israël, et leur donna l'ordre d'avoir chacun un brasier, d'y mettre du parfum et le présenter à L'Eternel, comme le faisaient les sacrificateurs, au moment du service sacerdotal (v. 17). C'est alors que Dieu dit à Moïse et à Aaron, et à toute l'assemblée, de s'éloigner de ces méchants hommes (v. 21 et 26). Moïse déclara en présence de tous : « Si ces hommes meurent comme tous les hommes meurent... ce n'est pas l'Eternel qui m'a envoyé... Mais... si la terre ouvre sa bouche pour les engloutir... vous saurez alors que ces gens ont méprisé l'Eternel. Comme il achevait de prononcer toutes ces paroles... la terre s'ouvrit et les engloutit (v. 29 à 32). Quant aux 250 hommes, qui n'appartenaient pas à la tribu de Lévi, un feu les consuma pendant qu'ils offraient le parfum (v. 35).

Mais selon le Coran, Koré

bras du Tout-Puissant, et il n'eut point de vengeurs.

82. Ceux qui la veille enviaient son sort, s'écrièrent le matin : Dieu dispense ou retire ses faveurs à son gré. Si sa miséricorde ne veillait sur nous, la terre nous eût ensevelis dans ses abîmes. Les méchants ne jouiront point de la félicité.

n'était qu'un orgueilleux à cause de ses immenses richesses. Les commentateurs arabes ajoutent qu'il avait un palais dont les portes étaient en or massif, alors que nous savons que cet incident eut lieu à l'époque de la marche dans le désert des enfants d'Israël et qu'ils habitaient sous des tentes.

* * *

KORE, PHARAON ET HAMAN DISPARUS DE LA TERRE

Chapitre 29

38. Caron, (Koré), Pharaon, Haman ont disparu de la terre. Moïse leur montra des miracles. Ils s'abandonnèrent à l'orgueil et ils ne purent éviter nos châtiments.

* * *

Chapitre 32 : 15° répétition de l'histoire de Moïse et d'Aaron.

MAHOMET REÇOIT LA PROMESSE DE RENCONTRER MOISE DANS LE CIEL

23. (Traduction M. Savary). Nous donnâmes le Pentateuque à Moïse. C'est à sa lumière que doit marcher le peuple hébreu. Ne doute pas (ô Mahomet), de rencontrer au ciel le conducteur des Juifs.

LES JUIFS DEVIENDRONT MUSULMANS

24. Nous leur (aux Juifs) avons accordé des rabbins pour les conduire suivant nos ordres, après qu'ils auront souffert avec constance et qu'ils auront embrassé notre religion.

L'obéissance aux commandements de Dieu ne deviendra efficace qu'après qu'ils auront embrassé la foi musulmane...!

Chapitre 37 : 16ᵉ répétition de l'histoire de Moïse et d'Aaron, v. 114 à 122.

LA PAIX SUR MOISE

120. La paix soit avec Moïse et Aaron !	Ceci est la canonisation islamique réservée seulement aux hommes de grande renommée.

* * *

Chapitre 40 : 17ᵉ répétition de l'histoire de Moïse et d'Aaron.

MOISE A PRECHE LA PAROLE DE DIEU DEVANT PHARAON, HAMAN ET KORE !

24. Moïse fut revêtu du caractère d'apôtre et de la puissance des miracles ;	

25. Il prêcha la parole divine devant Pharaon, Haman et Caron, et ils dirent : cet homme est un faux prophète.	Ce verset prouve, à notre avis, l'anachronisme dans la pensée de Mahomet, comme nous l'avons déjà fait remarquer au ch. 28, v. 38.

26 à 55 : Tous ces versets ne sont qu'une répétition d'une précédente sourate. Mahomet y fait parler un croyant anonyme qui se trouvait à la cour de Pharaon et qui donne l'impression d'être Mahomet lui-même.

56. Nous donnâmes à Moïse le Pentateuque. Le peuple hébreu en a hérité. Ce livre est la lumière et le guide des sages.	

* * *

Chapitre 43 : 18ᵉ répétition de l'histoire de Moïse et d'Aaron.

50. Pharaon ayant rassemblé ses peuples, leur dit : L'empire d'Egypte ne m'appartient-il pas ? Ce fleuve, ces canaux, ne coulent-ils pas sous mes lois ? Ne pensez-vous pas ainsi ?

51. Ne suis-je pas préférable à un vil imposteur ?

52. A peine sait-il parler !

53. Est-il décoré de bracelets d'or ? Un cortège d'anges accompagne-t-il ses pas ?

54. Il inspira à ses sujets la légèreté et ils lui obéirent parce qu'ils étaient impies.

55. Leurs crimes provoquèrent le courroux du ciel et ils furent engloutis dans les eaux.

56. Leur châtiment servira d'exemple à la postérité.

Ezéchiel 29, 3-9 et 15 : « Ainsi parle... l'Eternel : ...J'en veux à toi, Pharaon roi d'Egypte, grand crocodile qui te couches au milieu des fleuves et qui dis : mon fleuve est à moi. C'est moi qui l'ai fait... Le pays d'Egypte deviendra un désert. Ils sauront que je suis l'Eternel parce qu'il a dit : le fleuve est à moi. C'est moi qui l'ai fait ! C'est pourquoi j'en veux à toi et à tes fleuves... Ce sera le moindre des royaumes, et il ne s'élèvera plus au-dessus des nations. Je les diminuerai afin qu'ils ne dominent plus sur les nations. »

* * *

Les chapitres 51 (v. 38 à 40), et 61 (v. 5) font de brèves allusions à Moïse.

HISTOIRE DE LA FEMME DE PHARAON

Chapitre 66

11. Il offre aux croyants l'épouse de Pharaon comme modèle. Seigneur, s'écriait-elle, accorde-moi une demeure dans le Paradis. Délivre-moi de Pharaon et de ses crimes. Sauve-moi des mains des méchants.

D'après les commentateurs arabes, ce fut la femme, et non la fille de Pharaon qui sauva Moïse du Nil. Son nom, Aasiya, a la même racine — tirer — que « Moïse ». Elle crut en Moïse et eut beaucoup à souffrir de la part de son mari. Elle fit cette prière au moment de son martyre.

* * *

Chapitre 79 : Dernière répétition de l'histoire de Moïse et d'Aaron.

15. Connais-tu l'histoire de Moïse,
16. Lorsque Dieu l'appela dans la vallée sainte de Thoï ?

---

17. Va trouver Pharaon. Il est méchant.

---

18. Dis-lui : S'il est possible que tu deviennes pur,
19. Je te conduirai dans les voies de Dieu afin que tu le craignes.

---

20. Moïse opéra devant lui un prodige,
21. Pharaon nia le miracle et fut rebelle.

---

22. Il tourna le dos et se replongea dans l'impiété.

---

23. Il rassembla les mages,
24. Et leur dit : Je suis votre Dieu suprême.

---

25. Le Seigneur lui fit éprouver le premier de ses fléaux.

Selon d'autres traducteurs : « Dieu le punit avec la punition du monde futur et présent ».

Conclusion

Ici s'achève le recueil des fragments relatifs au Peuple juif dans le Coran. Tout au long de ces citations, j'ai été conscient de la difficulté qu'aurait le lecteur à les suivre. Mais il fallait les donner, car elles nous font savoir ce que l'Islam pense du Peuple juif et la raison pour laquelle il ne peut lui accorder le droit d'existence. Il est ainsi aisé de vérifier, comme nous l'avons déjà dit, que le Coran demeure muet quant aux promesses divines à l'égard d'Israël et concernant le retour des exilés des quatre coins de la terre vers le pays de leurs ancêtres ; muet aussi quant aux promesses de rétablissement des relations divines avec ce peuple. Nous n'y trouvons rien non plus, à part une très faible allusion, concernant le retour du ciel du Messie Jésus.

Malgré le style prophétique que Mahomet emploie : « Nous avons dit... Nous avons donné... », etc., le Coran n'est qu'un faible écho de ces oracles divins dans la Bible, pleins de puissance et d'autorité, dont l'histoire millénaire du Peuple juif a prouvé l'authenticité et la véracité.

Mahomet nous donne l'impression d'un homme qui aurait entendu une conversation à travers une porte, sans en saisir tous les mots. Pour la rapporter d'une manière cohérente, il la complète de son propre cru. Il reconnaît l'élection divine du Peuple Juif et l'affirme maintes fois ; il reconnaît également que l'Eternel donna le pays de Canaan aux enfants d'Israël, mais il ne le dit pas clairement. Par contre il insiste beaucoup sur l'infidélité d'Israël à l'alliance entre ce Peuple et l'Eternel et le voue aux flammes éternelles, à moins qu'il n'accepte de devenir musulman. Tous les prophètes ont reproché cette infidélité à Israël, mais ils lui ont aussi annoncé un avenir meilleur et une heureuse espérance, dans laquelle il a puisé consolation et force morale durant ces longs siècles de dispersion.

A la fin de sa vie, Mahomet respirait la haine des Juifs, et il l'ancra à jamais dans le cœur de ses disciples. Cependant la Parole de Dieu demeure éternellement. Nous touchons en ce moment à l'accomplissement des prophéties relatives au Peuple juif.

Béni soit l'Eternel, le Dieu d'Israël, qui seul fait des prodiges ! Amen. Ps. 72, 18.

PRINCIPALES DIVERGENCES ENTRE LES RECITS BIBLIQUES ET LES RECITS CORANIQUES

La Bible commence par le récit de la création du monde, œuvre de Dieu. C'est à partir de cette création que datent toute chose et tout être, les nations de la terre et le peuple d'Israël, dont l'histoire complète nous est donnée, et au travers duquel Dieu s'est adressé aux hommes. Le péché de ce peuple y est écrit en grandes lettres, mais aussi la fidélité de Dieu à l'égard de l'alliance avec Israël et sa restauration future.

Dans la Bible, nous rencontrons sans cesse ces phrases majestueuses : « Dieu dit », « Ainsi parle l'Eternel », etc...

Lorsque nous l'approfondissons, la Bible nous révèle les plans de Dieu, plan du salut de l'homme et de la création tout entière.

Elle nous révèle aussi le Sauveur du monde, sa préexistence, son incarnation, sa mort pour les péchés des hommes. Ce Sauveur est notre adorable Seigneur Jésus-Christ, Fils éternel de Dieu dont le retour est annoncé du commencement jusqu'à la fin de ce Livre Divin, la Bible.

Le Coran n'a ni commencement ni fin d'événement ou d'histoire en général. Il relève quelques récits bibliques tels que la création, l'appel d'Abraham, la sortie d'Egypte, le don de la Loi, le jugement dernier, le paradis, l'enfer, etc...

Le peuple juif sert de cible au « prophète ». Le plan divin à l'égard et au travers d'Israël ne s'y trouve pas. C'est un peuple maudit à jamais. « L'Espérance d'Israël » est complètement ôtée.

Dans le Coran, nous rencontrons sans cesse ces mots : « NOUS dîmes », « NOUS commandâmes », « Quand NOUS eûmes formé avec vous une alliance ». Pourquoi cette pluralité dans la voix de Dieu, alors que Mahomet s'oppose farouchement à la Trinité ?

Le Coran fait bien allusion au salut de l'homme par le retour à son Créateur, par la repentance, mais ne découvre pas le plan de Dieu à cet égard.

Dans le Coran, l'idée de la Rédemption opérée par le Fils de Dieu, son « Agneau qui ôte le péché du monde », est honnie.

Trois questions essentielles à propos de l'Islam

Le réveil de l'Islam, avec les adeptes qu'il fait dans les rangs de la Chrétienté, nous oblige à voir la réalité avec sérieux et à relever le défi que son prophète lança à la face du monde, en déclarant : « C'est lui (Allah) qui a envoyé son apôtre avec la direction et la religion de la vérité pour la placer au-dessus de toute religion ». (Le Coran ch. 61, v. 9).

Il nous paraît urgent, par conséquent, de poser trois questions touchant à l'essence même de l'Islam :

1) L'ISLAM EST-IL LA TROISIEME RELIGION MONOTHEISTE ?
2) ALLAH EST-IL LE DIEU DE LA BIBLE ?
3) QUI EST ALLAH ?

Abordons tout de suite la troisième question, car elle nous semble contenir la clef du problème :

« QUI EST ALLAH ? »

Le Coran, heureusement, nous révèle sur Allah des détails très importants :

a) Allah était connu en Arabie avant la naissance de Muhammad. L'Arabie était un pays idolâtre et Allah avait une place élevée parmi les nombreuses divinités.

b) La mission de Muhammad était donc de mettre Allah au-dessus de toutes les autres divinités, en déclarant : « Il n'y a de Dieu qu'Allah et Muhammad est son prophète ».

Les Mecquois faisaient alors cette remarque sur Muhammad : « Réduira-t-il les dieux en un seul Dieu (Allah)... ? ». (Le Coran ch. 38, v. 5). Cela déplut aux Koraïschites la tribu de Muhammad. Certains d'entre eux voulaient bien accepter la suprématie d'Allah, mais à condition de garder les autres divinités à côté d'Allah. Muhammad refusa en leur reprochant de vouloir donner à Allah, par ces idoles, des associés.

c) Muhammad identifia Allah au Dieu de la Bible, en lui attribuant ses Gloires.

Le Coran ch. 59, v. 22-24 : « Il est Allah hors duquel il n'y a pas de Dieu ! Il connaît l'invisible et le visible ! Il est le Très Miséricordieux, Le Compatissant ! Il est Allah hors duquel il n'y a pas de Dieu ! Il est le Roi, Le Saint, Le Pacifique, Le Fidèle, Le Veilleur, Le Puissant, Le Fort, Le Grand.

Que les louanges d'Allah soient célébrées au-dessus de ce que les hommes lui associent. Il est Allah, Le Créateur, Le Faiseur, Le Formateur. A lui les plus beaux noms ! Ses louanges, tout ce qu'il y a dans les cieux et sur la terre les célèbre, car il est le Puissant, Le Sage ».

Je cite le commentaire de M.C.G. sur « Alfatiha », le premier chapitre du Coran : « Attabari souligne que c'est Dieu (Allah) qui a appris à son prophète à mentionner ses « plus beaux noms » : le Compatissant et le Miséricordieux...

Ces deux noms font partie de la liste des quatre-vingt-dix-neuf plus beaux noms de Dieu (Allah) que la piété musulmane aime à réciter... La mission du prophète était de réunir les différents noms des divinités païennes pour les attribuer tous à Allah ». (Fin de citation).

A propos de ces deux « noms », citons Exode 34, 5-6 : « Yahweh descendit dans une nuée, se tint là auprès de lui (de Moïse) et proclama le nom de Yahweh : ... Yahweh, Yahweh, Dieu miséricordieux et compatissant ». Yahweh fit cette révélation à Moïse. Ce n'est pas, comme le veut l'Islam, Allah qui l'aurait faite à Muhammad.

Ceci nous amène à la deuxième question :

« ALLAH, EST-IL LE DIEU DE LA BIBLE ? »

Sans aucune hésitation ni ambiguïté, nous répondons : NON ! Allah n'est pas le Dieu de la Bible. Son nom, Allah, n'est pas celui du Dieu de la Bible Yahweh, l'Eternel, le Dieu (Eloha) d'Abraham, d'Isaac et de Jacob.

Le nom Yahweh fut révélé à Moïse par Yahweh lui-même. Exode 3, 13-15 : « Moïse dit à Dieu : J'irai donc vers les enfants d'Israël et je leur dirai : Le Dieu de vos pères m'envoie vers vous. Mais s'ils me demandent : Quel est son nom, que leur répondrai-je ? Dieu dit à Moïse : ... Tu parleras ainsi aux enfants d'Israël : Yahweh, le Dieu de vos pères... m'envoie vers vous. C'est là mon nom éternellement et c'est là mon mémorial de génération en génération ».

La confession de foi des Juifs et des Chrétiens n'est pas, non plus, la même que celle des Musulmans. Celle des Musulmans, nous l'avons déjà dit, est : « Il n'y a de Dieu qu'Allah et Muhammad est l'apôtre d'Allah ». Alors que celle des Juifs et des Chrétiens déclare : « Ecoute, ô Israël, Yahweh notre Dieu, Yahweh UN (Eïhad) ». (Deutéronome 6, 4 et Evangile de Marc. 12, 29-30).

(Notons que le mot « Eïhad », traduit par « UN », est une unité composée. En effet, la Bible révèle en Yahweh : « Père, Fils et Saint Esprit ». Les trois forment un Dieu Unique. C'est la raison pour laquelle le Nom « Elohim » (Dieu) est au pluriel des singuliers « El » et « Eloha ». Mais l'unique nom du Dieu de la Bible est « Yahweh ».

Il est hors de question, pour un Juif et pour un Chrétien, de réciter la confession de foi musulmane, comme il est impossible d'ailleurs, pour un Musulman de réciter la confession de foi des Juifs et des Chrétiens.

Or, Muhammad insiste dans le Coran que dans la Bible c'est Allah qui a parlé à Moïse, à Abraham, etc., comme il affirme aussi que la Bible et le Coran ont la même origine divine, alors qu'un gouffre infranchissable sépare les deux livres, la Bible et le Coran.

Nous pouvons nous rendre compte de la contrariété qu'éprouva Muhammad d'être soupçonné de prêcher un « autre » Dieu que celui qui parla à Abraham, à Moïse, à David, à Jésus, etc. Tout l'Islam s'écroulerait si effectivement il venait à être prouvé qu'Allah serait un autre dieu que l'Elohim-Yahweh de la Bible.

Toute la question réside pourtant là : oui, ou non, Allah et Yahweh sont-ils le même Dieu ? Si non, qui donc est le Dieu Véritable, celui de la Bible ou celui du Coran ?

Cependant, il nous semble que c'est au sujet de la personne du Messie qu'apparaît la divergence la plus profonde, sinon absolue, entre la Bible et le Coran, car d'après la Bible, le Messie est le Fils Eternel de Dieu : « Je publierai le décret : L'Eternel m'a dit : Tu es mon Fils ! Je t'ai engendré aujourd'hui... Baisez le Fils, de peur qu'il ne s'irrite, et que vous ne périssiez dans votre voie, car sa colère est prompte à s'enflammer. Heureux tous ceux qui se confient en lui ! » (Psaume 2, 7-12).

« Un enfant nous est né, un Fils nous est donné, et la domination reposera sur son épaule. On l'appellera Admirable, Conseiller, Dieu puissant, Père éternel, Prince de la Paix ». (Esaïe 9, 5).

« Dieu, après avoir autrefois, à plusieurs reprises et de plusieurs manières, parlé à nos pères par les prophètes, nous a, dans ces derniers temps, parlé par le Fils, qu'il a établi héritier de toutes choses, par lequel il a aussi créé le monde, et qui, étant le reflet de sa gloire et l'empreinte de sa personne, et soutenant toutes choses par sa parole puissante, a fait la purification des péchés et s'est assis à la Droite de la Majesté divine dans les lieux très hauts ». (Hébreux I, 1 - 5).

La Bible révèle également que Jésus est le seul Nom qui ait été donné par Dieu aux hommes par lequel ils puissent être sauvés, en vertu de sa mort expiatoire sur la croix pour les péchés du monde.

Or, le Coran contredit ce que dit la Bible sur la personne divine et l'œuvre expiatoire du Messie Jésus. C'est ici, il nous semble, que se trouve révélée la nature de l'Islam, car la Bible parle justement d'un conflit entre le Messie et le serpent ancien qui n'est autre que Satan. Il y a là une relation étroite.

Expliquons-nous : au Paradis, Satan réussit à séduire Adam et Eve. Leur transgression fut un désastre pour eux et pour toute leur descendance. Mais, Dieu, s'adressant au serpent, lui dit : « Je mettrai inimitié entre toi et la femme, entre ta semence et la semence de la femme. Celle-ci t'écrasera la tête et tu lui blesseras le talon » (Genèse 3, 15).

Qui est la femme et qui est sa semence ? L'Ecriture sainte nous le révèle. La femme c'est Israël. De cette nation est né le Messie, d'une vierge du nom de Marie (Myriam). Elle conçut de l'Esprit Saint.

C'est lui, le Messie, qui, seul, a été destiné par Dieu le Créateur pour porter secours et délivrance à tous les hommes, parce que, premièrement, il est le Fils de Dieu, et ensuite parce qu'il a été blessé dans ce combat gigantesque. Le sens de cette parole, nous est donné dans le Nouveau Testament, où il est dit : « Il a dépouillé les dominations et les autorités sataniques, et les a livrées publiquement en spectacle, en triomphant d'elles par la croix » (Colossiens 2, 15).

Citons encore le prophète Esaïe 53, 5-6 : « Il était blessé pour nos péchés, brisé pour nos iniquités ; le châtiment qui nous donne la paix est tombé sur lui, et c'est par ses meurtrissures que nous sommes guéris. Nous étions tous errants comme des brebis. Chacun suivait sa propre voie, et l'Eternel a fait retomber sur lui l'iniquité de nous tous ». Et au verset 10 : « Il a plu à l'Eternel de le briser par la souffrance... Après avoir livré sa vie en sacrifice pour le péché, il verra une postérité et prolongera ses jours. Et l'œuvre de l'Eternel prospèrera entre ses mains ».

Jésus, après sa résurrection, entouré de ses disciples heureux de le revoir, leur dit : « Il fallait que s'accomplît tout ce qui est écrit de moi dans la Loi de Moïse, dans les prophètes et dans les Psaumes... ; que le Messie souffrirait, et qu'il ressusciterait des morts le troisième jour, et que la repentance et le pardon des péchés seraient prêchés en son Nom à toutes les nations... » (Luc, 24, 44-47).

L'importance de ce message appelé Evangile, ou Bonne Nouvelle, est telle que l'apôtre Paul osait dire : « Quand nous-mêmes, quand un ange du ciel annoncerait un autre Evangile que celui que nous vous avons prêché, qu'il soit anathème ! » (Galates, 1, 8).

L'Islam serait-il placé sous cet anathème divin ? De nombreux Chrétiens sont choqués d'une telle affirmation. Mais, est-ce possible qu'à cause de l'amour et du respect que nous éprouvons pour la nation arabe nous nous abstenions de leur dire toute la vérité ? Notre Sauveur Jésus n'a-t-il pas dit à son disciple bien-aimé Pierre : « Arrière de moi, Satan ! Car tes pensées ne sont pas de Dieu, mais des hommes » ? Est-ce vraiment de l'amour que de cacher à notre prochain la Vérité qui doit être son salut ?

Satan a cherché sa revanche sur la victoire que le Messie remporta sur lui par la mort de ce dernier sur la croix, en suscitant Muhammad, pour contredire l'Evangile, au nom d'Allah : « Ils (les Juifs) ont dit : En vérité, nous avons tué le Messie fils de Marie, l'apôtre d'Allah. Mais ils ne l'ont pas tué. Ils ne l'ont pas crucifié : C'est un homme lui ressemblant qu'ils ont tué... Ils n'ont pas sur lui une connaissance, mais ils suivent une opinion. Ils ne l'ont pas tué, c'est certain. Mais Allah l'a élevé auprès de lui... » (Le Coran ch. 4, v. 156).

Apparemment, Muhammed ne donne aucune raison valable à sa contradiction. Mais la Parole de Dieu proclame que le Messie est « l'Agneau de Dieu qui ôte le péché du monde ». (Jean 1, 19).

LE MESSIE FILS DE DIEU

Muhammad s'élève aussi contre le témoignage de Dieu rendu à son Fils : « Ils disent : Le Très Miséricordieux a eu un fils. Vous venez de dire une chose monstrueuse ! Peu s'en faut que les cieux ne se fendent à cause de cela, que la terre ne s'entr'ouvre et que les montagnes brisées ne s'effondrent de ce qu'ils attribuent un fils au Très Miséricordieux ! Il ne convient pas au Très Miséricordieux d'avoir un fils » (Le Coran ch. 19, v. 91-93).

Egalement, au ch. 5, v. 76-77 : « Ils sont incroyants ceux qui disent : En vérité, Dieu est le Messie fils de Marie. Alors que le Messie a dit : O enfants d'Israël, adorez Allah mon Seigneur et votre Seigneur ! En vérité celui qui donne des associés à Allah, Allah lui interdit le Paradis, et sa demeure sera le feu de l'enfer... Ils sont incroyants ceux qui disent : En vérité Dieu est le troisième de trois, car il n'y a pas de Dieu si ce n'est Allah l'unique... Ne se tourneront-ils pas de nouveau vers Allah et n'imploreront-ils pas son pardon ? Car Allah pardonne, il est clément. Le Messie fils de Marie n'était qu'un apôtre. Des apôtres avant lui ont passé. Sa mère était très véridique. Tous deux se nourrissaient de mets. Vois comme nous leur expliquons les signes (divins) et vois comme ils se détournent ».

Et au verset 116 du même chapitre : « Quand Allah dira : O Jésus fils de Marie, est-ce toi qui as dit aux hommes : Prenez moi et ma mère pour deux dieux à côté d'Allah ? Jésus dit : Gloire à toi ! Comment aurais-je pu dire ce qui n'est pas pour moi la vérité ? Si je l'avais dit, tu l'aurais su. Tu connais ce qui est dans mon âme. En vérité tu connais ce qui est invisible. Je ne leur ai rien dit que tu ne m'aies ordonné de leur dire : Adorez Allah mon Seigneur et votre Seigneur ».

Muhammad réduit la personne du Fils de Dieu au rang d'un mortel en disant : « En vérité, il en est de Jésus comme d'Adam auprès d'Allah. Il l'a créé, lui aussi, de la poussière. Il lui a dit : Sois, et il a été ». (Le Coran ch. 3, vs. 52).

Il va jusqu'à dire : « Jésus fils de Marie disait : O, enfants d'Israël ! Je suis l'apôtre d'Allah envoyé vers vous, confirmant la Loi qui était avant moi, vous annonçant la bonne nouvelle qu'un apôtre viendrait après moi, du nom de Ahmed. Et lorsqu'il vint vers eux avec des signes évidents, ils dirent : C'est manifestement de la magie ! » (Le Coran 61, 6).

Or si Jésus n'est pas le Fils de Dieu, et si sa mort sur la croix n'a pas eu lieu, la plus ancienne des prophéties divines — Genèse 3, 15 — concernant notre salut est réduite à néant. Il n'y aurait pas de victoire sur le serpent (Satan), ni Rédemption pour les hommes.

La venue du Messie n'aurait été que pour annoncer la venue de Ahmed ! Le grand Libérateur divin, Jésus, est dépouillé de sa gloire et de sa mission par l'Islam, laissant une victoire totale au serpent ancien. Le nom de Jésus n'est plus le seul

Nom que Dieu a donné aux hommes par lequel ils puissent être sauvés. Il n'y a plus d'Evangile (Bonne Nouvelle) au sujet duquel l'apôtre Paul écrit : « Dieu était en Christ, réconciliant le monde avec lui-même, en n'imputant point aux hommes leurs offenses... Soyez donc réconciliés avec Dieu ! Car Celui qui n'a point connu le péché, Dieu l'a fait devenir péché pour nous ». (2 Cor. 5, 19-21).

LE MESSIE SAUVEUR DES PAÏENS

Alors que la Torah et les prophètes n'étaient que pour les Juifs, le Messie est venu afin que les nations païennes puissent aussi entrer en Alliance Sainte avec l'Eternel. C'est précisément par sa mort sur la croix pour les péchés de toute l'humanité, qu'il réconcilia avec Dieu, d'une part des Païens, qui étaient loin de Dieu, et d'autre part, Israël dont la transgression continuelle des commandements de la Loi l'empêchait d'atteindre à la justice de Dieu. Mais le sacrifice du Messie réconcilia avec Dieu et les Païens et les Juifs en offrant aux uns et aux autres la justification par la foi en Lui.

C'est l'apôtre Paul qui fut chargé par le Messie d'apporter cette Bonne Nouvelle aux nations. Il fut le témoin occulaire de l'effet extraordinaire que sa prédication produisit dans le monde païen. Son message est considéré jusqu'à maintenant comme le plus prodigieux : « Je n'ai point honte de l'Evangile. C'est une puissance de Dieu pour le salut de quiconque croit ... parce qu'en Lui est révélée la justice de Dieu par la foi ». (Romains 1, 16-17).

Partout où cette Bonne Nouvelle est prêchée jusqu'à présent, des vies sont transformées et libérées. Paul lui-même exprime son émerveillement par ces paroles : « A moi, qui suis le moindre de tous les apôtres, cette grâce a été accordée d'annoncer les richesses incompréhensibles du Messie... en qui nous avons, par la foi en lui, la liberté de nous approcher de Dieu avec confiance » (Ephésiens 3, 8-12).

Mais l'Islam, venu six siècles après, déclare que tout cela n'est qu'imagination humaine, en disant : « Ils ne l'ont pas tué. Ils ne l'ont pas crucifié ».

Or, la venue dans le monde du Fils de Dieu constitue un événement aussi important que la création elle-même.

En effet, si la venue du Messie n'avait pas été prévue, il n'y aurait pas eu de création, car si le Messie n'était pas mort à cause des péchés des hommes, Satan serait le vainqueur absolu.

Muhammad prétend que c'est l'Esprit de Dieu qui lui a dicté ce qu'il dit au sujet du Messie. Si cela est vrai, nous sommes dans un « tohu-bohu » total. Tout le fondement s'écroule, si Yahweh lui-même se contredit !

Mais, loin de là ! Yahweh, le Dieu de Vérité, ne ment pas. C'est Yahweh qui est l'Auteur de l'Evangile et de toute la Bible.

Cher lecteur, il faut reconnaître la ruse extraordinaire de ce redoutable ennemi, Satan. Nous avons, heureusement, la Bible qui nous informe sur le conseil éternel de Yahweh, en ce qui concerne notre salut, et qui nous met en garde aussi contre notre ennemi le diable.

C'est à son Peuple Elu, Israël, que l'Eternel a confié le dépôt divin de sa Parole. Et Israël a manifesté un zèle, qui ne peut être humain, pour garder ce trésor divin, et le transmettre à toutes les générations depuis des millénaires.

Muhammad accuse Juifs et Chrétiens d'avoir introduit volontairement dans la Bible des textes ne provenant pas de Dieu. Le Coran ch. 2, v. 70 : « ... une partie d'entre eux (les Juifs) a déjà entendu la Parole de Dieu, et ils l'ont corrompue, après l'avoir comprise, et ils le savaient bien ». Et v. 73 : « Malheur à ceux qui écrivent le Livre de leurs mains, et disent alors : Voilà ce qui vient de Dieu ! » (Note du traducteur : Muhammad reproche toujours aux Juifs d'avoir faussé le texte de leurs Ecritures Saintes).

(Et note de Maulana Muhammad Ali : Il s'agit ici de la corruption de la Bible, de l'Ancien comme du Nouveau Testament).

Mais cette accusation nous rappelle ce que le serpent avait dit à Eve : « Dieu a-t-il réellement dit... ? » (Genèse 3, 1).

« Le diable... a été meurtrier dès le commencement... Il est menteur et le père du mensonge » (Jean 8, 44).

Nous arrivons enfin à la question :

« L'ISLAM EST-IL LA TROISIEME RELIGION MONOTHEISTE ? »

Oui, l'Islam est une religion monothéiste. Les Musulmans croient en un seul Dieu, Allah. Cependant, il est absolument sûr qu'Allah n'est pas le Yahweh de la Bible. Ce n'est pas Allah qui a prononcé les dix commandements sur la montagne du Sinaï tout en feu, d'où Yahweh fit entendre sa voix... : « Moi, Yahweh ton Dieu... Tu n'auras pas d'autres dieux devant Ma Face... » (Exode, 20, 2-3).

En s'adressant à Moïse du buisson ardent, Yahweh dit : « Moïse, Moïse, je suis le Dieu (Elohaï) de ton père, le Dieu d'Abraham, le Dieu d'Isaac, le Dieu de Jacob... Moïse se cacha le visage. Il craignit de regarder Dieu (Elohim). Yahweh dit : J'ai vu la souffrance de mon peuple (Israël) ».

Le Coran, faisant mention de cet événement historique, cher par-dessus tout à Israël, ose changer ce texte ainsi : « En vérité, je suis Allah. Il n'y a pas de Dieu (Ila) excepté moi. Adore-moi ». (Le Coran ch. 20, v. 14).

Jésus n'a jamais dit d'Allah qu'il était son père. Mais dans la Bible nous lisons : « Yahweh m'a dit : Tu es mon Fils. Aujourd'hui je t'ai engendré ». (Psaume 2, 7).

Pour toutes ces raisons, nous ne pouvons dire de l'Islam qu'il est la troisième religion ou révélation faisant suite aux deux précédentes. L'Islam se place dans l'isolement, et oblige Juifs, Chrétiens et Musulmans à choisir : ou la Bible ou le Coran. Croire aux deux n'est pas possible.

Les Juifs et les Chrétiens n'ont qu'un saint Livre : la Bible, et ils forment une seule plante divine : « Toi (Païen) qui étais un olivier sauvage... tu as été enté et rendu participant de la racine et de la graisse de l'olivier franc (Israël). Sache que ce n'est pas toi qui portes la racine, mais que c'est la racine qui te porte ». (Rom. 11, 17-24).

Ces paroles ont été adressées aux Chrétiens. Mais peut-on dire cela du Musulman ? Certes, non ! Il en serait offensé. Le Coran parle ainsi, au ch. 3, v. 60 : « Abraham ne fut ni Juif ni Chrétien. Mais il était « hanif » (soumis, muslim) ». L'Islam s'approprie donc tout l'héritage des Juifs et des Chrétiens.

LA NATION ARABE

Le Peuple arabe, selon ce que révèle la Bible, reconnaîtra lui aussi Yahweh, seul Dieu Véritable, le Dieu d'Abraham père et des Juifs, et des Arabes et des Chrétiens.

L'Eternel réserve de grandes bénédictions spirituelles aux Arabes.

Lorsqu'Agar, la mère d'Ismaël, dut quitter le foyer d'Abraham et qu'elle s'égara dans le désert, n'ayant plus d'eau, elle s'éloigna pour ne pas voir mourir de soif son fils Ismaël. (Ismaël, en Hébreu, signifie « Dieu a entendu » ou « Dieu entendra », Genèse, 16, 11).

C'est alors qu'un ange l'appela du ciel et lui dit : « Ne crains point, Agar, car Dieu (Elohim) a entendu la voix de l'enfant. ... Lève-toi, prends-le, car je ferai de lui une grande nation. Et Dieu lui ouvrit les yeux, et elle vit un puits d'eau » (Genèse 21, 14-19).

« Agar appela le nom de Yahweh qui lui avait parlé Atta-El-roï, (tu es le Dieu qui me voit). C'est pourquoi l'on a appelé ce puits le puits de Lachaï-roï (Le Vivant qui me voit) » (Genèse 16, 13-14).

Cet événement est très significatif en ce qui concerne les descendants d'Ismaël. L'Eternel se révéla à Agar au moment où son fils Ismaël allait mourir de soif. L'Eternel la regarda. Et elle aussi le vit. Leurs regards se rencontrèrent. Elle en fut très impressionnée, d'où le nom qu'elle donna à ce lieu en souvenir de cette rencontre. C'était une prophétie qui s'accomplira à la fin des temps, lorsque le Sauveur Vivant, Jésus le Messie reviendra du ciel. Toute la nation arabe verra dans son regard toute la tendresse et l'amour qu'Agar remarqua, quand elle le vit près du puits Lachaï-roï.

Et alors s'accomplira la très ancienne promesse que Yahweh avait faite à Abraham : « A l'égard d'Ismaël, je t'ai exaucé... Je le bénirai ». (Genèse 17, 20).

Sachez, Frères arabes, que nos prières montent continuellement à Yahweh, le Dieu de votre père Abraham, donc aussi votre Dieu, pour qu'Il vous donne soif de connaître la Bible.

Le dilemme Israël-Ismaël

« OH, QU'ISMAËL VIVE DEVANT TA FACE ! »

C'est la supplique d'Abraham au moment où l'Eternel lui dit : « Certainement, Sara ta femme t'enfantera un fils, et tu appelleras son nom Isaac. J'établirai mon alliance avec lui comme alliance perpétuelle pour sa postérité après lui ».

En réponse à cette prière, l'Eternel ajouta : « A l'égard d'Ismaël, je t'ai exaucé. Voici, je le bénirai et je le ferai fructifier et multiplier extrêmement. Il engendrera douze princes et je le ferai devenir une grande nation ».

Et, de nouveau, comme voulant dissiper toute confusion, l'Eternel réaffirme : « Mais mon alliance, je l'établirai avec Isaac que Sara t'enfantera en cette saison, l'année qui vient ».

***

Jusqu'à l'âge de 14 ans environ, Ismaël, jusque là fils unique d'Abraham, fut considéré comme seul héritier de son père. Et non seulement de tous ses biens terrestres, mais aussi des biens sublimes et éternels contenus dans la promesse réitérée concernant une « semence » par laquelle « toutes les nations de la terre seraient bénies ». Mais l'entrée d'Isaac dans le monde, né de Sara, mit virtuellement fin à cette équivoque que la présence d'Ismaël avait fait subsister dans le cœur d'Abraham.

Après une scène dramatique entre lui et sa femme Sara, l'Eternel confirme la volonté de cette dernière et dit : « Que cela ne soit pas mauvais à tes yeux, à cause de l'enfant (Ismaël) et de ta servante (Agar, que Sara voulait voir chassée de la maison par son mari). Dans tout ce que Sara t'a dit, écoute sa voix. Car en Isaac te sera appelée une semence ». Puis il ajoute : « Je ferai aussi devenir une nation le fils de la servante, car il est ta semence ». (Trad. Darby).

La différence entre ces deux « semences » d'Abraham, Ismaël et Isaac, réside en ce seul mot « appelée ». « En Isaac te sera « appellée » une semence ». Le verbe, en Hébreu est « Kara » et veut dire « choisir », comme aussi en Esaïe 48, 12 : « Israël que j'ai « appelé », c'est-à-dire « que j'ai choisi ». C'est bien cela que l'Eternel dit à Abraham : « Ta semence que j'ai « appelée » (ou « choisie ») est en Isaac ». C'est le verdict divin au litige Isaac-Ismaël, ou pour être encore plus précis, Israël-Ismaël.

***

LA PROMESSE ACCOMPLIE

De longs siècles se sont écoulés. La nation d'Israël naquit dans la fournaise de l'esclavage en Egypte. Puis, elle fut tirée de là miraculeusement par la main de Moïse, pour aller prendre possession du pays de Canaan que l'Eternel avait promis à Abraham, à Isaac et à Jacob, ainsi qu'à leurs descendants.

Après une halte de quarante ans dans le désert, où il reçut les dix commandements au pied de la montagne du Sinaï, et plus tard le Livre de la Loi tout entier, écrit par la main de Moïse, le Peuple d'Israël franchit le Jourdain sous la conduite de Josué et prit possession du pays de Canaan.

Quinze siècles environ plus tard, « lorsque les temps ont été accomplis, Dieu a envoyé son Fils, né d'une femme, né sous la Loi », Jésus, fils d'Abraham. Il fut crucifié pour le péché du monde, et ressuscité des morts le troisième jour.

Avant son retour au ciel, après sa résurrection, Jésus envoie ses disciples vers toutes les nations, en commençant par Jérusalem, pour leur annoncer la Bonne Nouvelle du salut qu'il a opéré par son sacrifice pour le péché. La splendeur de l'Evangile pénétra avec puissance en Asie, en Afrique et en Europe, bousculant sur son chemin toute résistance. Je citerai les paroles de Paul, Apôtre aux nations, dans son épître aux Colossiens 1, 6 : « Il (l'Evangile) est au milieu de vous, et, dans le monde entier il porte des fruits. Il va grandissant comme c'est aussi le cas parmi vous, depuis le jour où vous avez entendu et connu la Grâce de Dieu, conformément à la vérité ».

***

LE DÉFI

Cinq siècles après la venue du Sauveur Jésus, alors que les chrétiens s'étaient fort éloignés de la simplicité de l'Evangile en le remplaçant par des traditions, voire même, par l'idolâtrie, le culte de Marie et des Saints, Satan, adversaire de Dieu et de la vérité, jugea le moment opportun : Mahomet, descendant d'Ismaël, naquit en Arabie en l'an 560. A l'âge de quarante ans, il se proclama prophète de Dieu, et fonda la religion de l'Islam. Il se réclama de son père Abraham, et se dit successeur direct de la foi et de l'obéissance au Dieu unique, Créateur du ciel et de la terre. Un livre fut composé de ses oracles, auquel il donna la nom de « Coran », qui signifie « Lecture ». Ce livre renferme, selon lui, ce qui avait été dit précédemment par Moïse et tous les prophètes, ainsi que par Jésus et ses apôtres. La Bible était devenue, toujours d'après Mahomet, un livre inutile remplacé par le Coran. D'ailleurs, lui-même, « dernier de tous les prophètes », prétendit prendre la place de ceux qui l'avaient précédé et être le « sceau » de tout ce qui avait été dit auparavant de la part de Dieu. Le « prophète » alla de triomphe en triomphe. Parti de l'Arabie l'Islam gagna l'Asie Mineure et l'Afrique du Nord, et même une partie de l'Europe.

Mahomet crut être « la semence » promise à Abraham par laquelle toutes les nations de la terre devaient être bénies. Il déclare solennellement : « C'est Lui (Dieu) qui a envoyé Son Apôtre (Mahomet) avec la Direction et la Religion de la Vérité, pour la placer (la Religion de l'Islam) au-dessus de toute religion... ». (Le Coran, Ch. 61, v. 9).

Selon ces déclarations, l'Islam devait remplacer et la Bible et les prophètes, puis, enfin, Jésus « seul Nom donné aux hommes par Lequel nous devions être sauvés ». (La Bible, Actes 4, 12).

La stratégie de Satan avait bien réussi : depuis quatorze siècles l'Islam forme une puissance spirituelle en contradiction avec ce que la Bible déclare au sujet d'Israël en tant que « semence » d'Abraham.

**

LA REVANCHE DE DIEU

Le Peuple juif, après vingt siècles de dispersion, revient vers la terre que Dieu lui a promise. Ce n'est pas un hasard si elle se trouve maintenant au sein des pays arabes où l'Islam, fort de sa croyance, dispute sa prééminence dans le conflit Ismaël-Israël. Non, ce n'est pas un hasard. C'est la revanche de Dieu. Après quarante siècles, il nous semble être présents au drame du renvoi d'Agar et son fils. Les entrailles de beaucoup de Juifs et de chrétiens s'émeuvent à l'égard des Arabes, comme autrefois Abraham fut ému lorsqu'il dut renvoyer son enfant sur l'ordre divin.

Nous sommes peut-être arrivés au dénouement du dilemme Ismaël-Isaac. Nous entendons clairement la voix de Dieu : « Isaac est mon Elu, mais Ismaël aussi sera béni ».

***

Nul ne peut ni ne pourra changer la situation au Proche-Orient. Les prophéties bibliques sont là pour prouver cette affirmation. Israël ne sera plus jamais arraché de son pays. (Jérémie 24, 6). Mais que deviendra la promesse de Dieu à Abraham : « Au sujet d'Ismaël je t'ai exaucé. Je le bénirai » ? Si cette promesse ne se rapportait qu'à la multiplication des descendants d'Ismaël, elle serait déjà accomplie, car les Arabes sont fort nombreux au Proche-Orient et ailleurs dans le monde.

Mais l'histoire religieuse de ces Peuples nous montre qu'ils aspirent à des bénédictions spirituelles et divines, et non seulement matérielles et géographiques. Pour atteindre ces bénédictions, les Arabes seront obligés de revenir à la Bible. Et c'est cela qui va arriver. Dieu aura raison et non Satan, malgré sa force, ses ruses et ses victoires apparentes. Evidemment, c'est une opération pénible pour ces Peuples. Mais qui peut discuter les desseins de Dieu ?

Dieu Lui-même offre aux Arabes, maintenant, une occasion et un moyen pour réaliser sa promesse de bénédiction. Cette occasion, ce moyen, c'est le Juif israélien, fort, jouissant d'une protection divine manifeste, contrastant avec le Juif décrit dans le Coran comme maudit de Dieu, fugitif, peureux.

Ce brusque retour de quatre mille ans en arrière est de nature à prouver aux Arabes que la thèse de l'élection d'Isaac est vraie. La Bible est vraie. Et c'est dans la soumission des Arabes à la Bible que se réalisera cette promesse : « Je le bénirai ».

Quant aux Juifs, la raison de tant de souffrances qu'ils ont eu à endurer réside dans la violation de l'Alliance que Dieu fit avec eux. Dieu a tenu sa Parole dite par Jérémie : « Je ne puis te laisser impuni ». (Jérémie 30, 11). Mais Il accomplira aussi toutes les bonnes Paroles qu'Il a prononcées à leur égard. Au retour des Juifs dans leur Pays succèdera leur repentance, et à la repentance, le retour du Messie du ciel et le rétablissement du Royaume de Dieu sur la terre.

Aux deux fils d'Abraham ont été promises des bénédictions, qu'ils obtiendront à « la fin des temps » à laquelle nous sommes parvenus.

Autobiographie de l'auteur

C'est dans le cadre d'un village polonais d'avant-guerre, peuplé presque entièrement de Juifs, que je suis né. J'étais le septième enfant, alors que mes parents atteignaient à peine la trentaine. La vie y était paisible, laborieuse, pieuse. La synagogue en était le centre, ainsi que l'étude de la Thora et du Talmud.

Ce fut surtout mon grand-père paternel qui s'occupa de mon éducation. Il avait remarqué la facilité avec laquelle je retenais le Talmud et il voulait que je devienne un « Ben Thora », (Fils de la Loi).

Il était lui-même entièrement consacré à Dieu, austère et fervent Hassid, disciple du Rabbi de Guer, petite ville en Pologne où il se rendait pour les trois principales fêtes : Pâque, Pentecôte et Tabernacles. Il m'y emmenait, à ma grande joie.

Mon grand-père m'expliquait beaucoup de choses sur la thèse hassidique, et je devins moi-même un Hassid convaincu. Je participais à ses pratiques avec ferveur. Je louais Dieu avec joie, en dansant, selon le Psaume 104, verset 33 : « Je chanterai l'Eternel tant que je vivrai. Je célébrerai mon Dieu tant que j'existerai ». Ce dernier mot, en Hébreu, « boïdi », est interprété par les Hassidim : « avec tout mon être », c'est-à-dire : « le corps participant également à l'action de la louange ».

Cher grand-père ! Il n'eut pas la satisfaction de voir son désir à mon sujet se réaliser. Les circonstances obligèrent mon père à m'envoyer travailler pour gagner mon pain.

Je devins ouvrier et découvris dans ce milieu un autre monde qui m'attira irrésistiblement. Je fis également connaissance de l'abondante littérature juive, belle et variée, en langue Yiddish, qui me fascinait. Je perdis l'intérêt dans le Talmud, et même dans le Hassidisme.

Bientôt ma foi dans le Judaïsme vacilla. Elle finit par s'éteindre, du moins je le crus en ce moment. Avec l'ébranlement de ma foi, l'équilibre de ma vie fut rompu. Je me laissai aller aux plaisirs auxquels je n'aurais jamais osé toucher avant.

Maintenant, n'ayant plus la crainte de Dieu pour me retenir, je m'y abandonnai.

Cela ne dura pas longtemps. J'en sentis le vide accompagné de dégoût. Mais quand je voulus retourner à mon ancienne vie, je me rendis compte que le Talmud ne pouvait plus répondre aux aspirations nouvelles que ce changement avait éveillées en moi. Je sombrai dans la tristesse, et, comme Job autrefois, je maudis le jour de ma naissance.

※

Depuis quelque temps, le désir de voyager me tenait. Dès que je pus le faire, je quittai la Pologne. Ma première halte fut Dantzig, à la frontière germano-polonaise. Là, je rencontrai un ami d'enfance. Il me suggéra d'aller avec lui dans un foyer missionnaire, où lui-même logeait. J'acceptai volontiers. L'atmosphère de paix qui y régnait me fit beaucoup de bien. Tout en étant très loin de vouloir admettre la moindre chose de ce qui se disait sur le « Messie », je m'intéressai au Nouveau Testament du point de vue littéraire. Je ne pouvais non plus m'empêcher d'observer les personnes qui dirigeaient cette maison. Elles étaient aimables et douces. J'allais parfois au Temple. Les prières et les cantiques me semblaient venir d'un autre monde où tout était paix et joie.

Trois mois s'écoulèrent. Je compris que les choses ne pouvaient continuer ainsi. Je pris la décision de partir plus loin, toujours plus loin pour enfin me trouver à Sidi-Bel-Abbès, en Algérie, comme engagé volontaire pour cinq ans dans la Légion Etrangère.

※

Deux ans environ, après le début de mon engagement, alors que je me trouvais dans les montagnes de l'Atlas au Maroc, j'ai ressenti un jour une faim poignante de la Parole de Dieu.

Ayant été élevé dans la tradition de la loi orale, c'est-à-dire, le Talmud, ce dernier, dans ma pensée, était la Parole de Dieu, de préférence à la Loi et aux Prophètes, qui n'étaient considérés que comme faisant partie des prières et des lectures qui se faisaient dans les synagogues les jours de Sabbat et de fêtes.

Heureusement que, par la Providence, mon choix se porta sur la Bible. Je la commandai. Elle ne tarda pas à me parvenir. Dès que je la reçus, je pressentis que dans ce livre je trouverais ce que je désirais. Sans attendre, je l'ouvris et me mis à la lire. Je crois que cette même Providence me guida vers les Proverbes, pour commencer ma lecture.

Il y est question du sage et de l'insensé. Je m'y retrouvais comme l'insensé, l'égaré. Effectivement, j'avais été un insensé, autrement, comment expliquer le fait de me trouver dans la Légion Etrangère, glissant moralement sur une pente vers un fond sombre qui m'effrayait ? Cette Bible était traduite en Allemand que je connaissais mal. Mais j'étais si intéressé, qu'après quelques jours seulement de lecture, j'avais oublié que je lisais une langue étrangère. J'étais comme enivré de ces Paroles de sagesse. Dieu, de qui je m'étais écarté depuis longtemps, réapparaissait dans ma vie. J'y lisais : « Le commencement de la sagesse est la crainte de l'Eternel ». En effet, j'éprouvais de la crainte de l'Eternel, et obscurément je comprenais que c'était Dieu qui m'avait laissé suivre mon chemin d'égarement, afin de me montrer où je risquais d'aboutir si je ne revenais pas à Lui.

Le livre des Proverbes terminé, je continuai avec celui de Job. Je restais à lire, parfois, jusqu'à minuit ou une heure du matin. Par moments, il me semblait que c'était moi qui parlais, et non Job ; que c'était moi qui demandais à Dieu la raison de tant de souffrances.

J'avais lu, dans ma vie, beaucoup de livres. Mais jamais je n'aurais pensé que la Bible pût être une lecture aussi passionnante ! Tout mon être était braqué vers elle. Certaines pensées que j'y trouvai répondaient aux questions les plus enfouies dans mon for intérieur. Je n'avais jamais pu comprendre pourquoi nous, Juifs, sommes si méprisés par les non-Juifs.

Depuis ma plus tendre enfance, je l'avais ressenti comme une honte personnelle. Et voilà que les Prophètes m'en donnaient la raison. Moïse dit : « Si tu n'obéis point à la voix de l'Eternel ton Dieu, si tu n'observes pas et ne mets pas en pratique tous ses commandements et toutes ses lois que je te prescris aujourd'hui, voici toutes les malédictions qui viendront sur toi et qui seront ton partage... Vous serez arrachés du pays dont tu vas prendre possession. L'Eternel te dispersera parmi tous les peuples, d'une extrémité de la terre à l'autre... Parmi ces nations tu ne seras pas tranquille et tu n'auras pas un lieu de repos pour la plante de tes pieds. L'Eternel rendra ton cœur agité, tes yeux languissants, ton âme souffrante. Ta vie sera comme en suspens devant toi... ».

N'était-ce pas là notre condition ? N'avions-nous pas le cœur agité ? La crainte de Dieu s'emparait de moi de plus en plus, et, avec angoisse, je m'écriai : « Que dois-je faire ? Si je continue à transgresser ces commandements, où finirai-je ? »

J'en arrivai au Nouveau Testament, que j'avais lu auparavant, comme une simple lecture. Mais maintenant, je le trouvai semblable à tout ce que j'avais lu jusque là dans ce livre extraordinaire. Le sermon de Jésus sur la montagne, en Matthieu chapitres 5 à 7, fit particulièrement impression sur moi : « Heureux ceux qui ont le cœur pur, car ils verront Dieu... Quiconque se met en colère contre son frère mérite d'être puni par les juges. Celui qui lui dira « insensé » mérite d'être puni par le feu de la Géhenne... Celui qui regarde une femme pour la convoiter a déjà commis un adultère dans son cœur... ». Je me voyais comme dans un miroir. Non, mon cœur n'était pas pur. Je mériterais le feu de la Géhenne !

« Comment être délivré d'une telle corruption ? » me demandais-je. Je cherchais Dieu qui, après m'avoir révélé par ses Prophètes mon état de péché, me montrerait peut-être comment en sortir. Je continuai donc à méditer dans la Bible, avec le désir soutenu de trouver la réponse.

***

La personne de Jésus que, pourtant comme tous les Juifs, j'avais évité, pensant qu'il n'était qu'un faux Messie, m'attirait de plus en plus. J'étais fasciné par toutes ses paroles imprégnées d'une profonde sagesse. Il était d'une grande humilité — tous pouvaient l'approcher — et en même temps si majestueux !

« Et s'il était vraiment le Messie ? »

« Mais il ne correspond pas à ce que nous attendions d'un Messie ! » Ce que nous désirions, c'était d'être délivrés de notre malheur national et ne plus être un sujet de mépris de la part de toutes les nations, être chez nous, comme les autres. Et Jésus parlait de tout autre chose, du Royaume de Dieu, d'un cœur pur, de Dieu comme d'un Père dans nos relations avec Lui, d'amour pour le prochain. Il parlait aussi de lui-même comme Fils de Dieu venu pour donner sa vie en rançon pour les péchés du monde. Tout cela était très beau, mais je ne pouvais le réconcilier avec ce que j'attendais du Messie.

J'étais cependant décidé d'aller jusqu'au bout, jusqu'à ce que je trouve une réponse qui pût me satisfaire, d'autant plus que mon vrai problème, à moi, était de savoir comment être délivré de mes péchés.

Je pensai : « Pourquoi ne pas m'adresser à Jésus, puisque le Nouveau Testament affirme qu'il est ressuscité le troisième jour après sa crucifixion et qu'il est assis à la droite de Dieu ? »

Ce fut un pas difficile pour moi, car prier à un autre qu'à Dieu était inconcevable pour un juif. Et quand, pour la première fois, je priai : « O Seigneur Jésus... », je m'arrêtai tout tremblant, et regardai autour de moi, craignant que quelqu'un ne m'eût entendu. Pourtant, je me savais seul dans la chambre. Puis, le désir de le connaître et comprendre tout ce qu'il avait dit fut le plus fort et je me remis à l'invoquer.

Tout en continuant, inlassablement, à méditer dans la Bible, j'observais de tout mon cœur tout ce que j'avais compris.

Un soir, avant de me coucher, je priais, quand, tout à coup, je devins conscient de ce que Jésus était devant moi et me regardait. Un amour indicible était dans ses yeux. Au même instant, toutes mes questions eurent leurs réponses. Je compris au tréfonds de mon cœur, et sans savoir pourquoi, que celui que je voyais était le Fils de Dieu qui a été crucifié pour moi. Les péchés, qui avaient si lourdement pesé sur ma conscience, avaient disparu. Je me sentais comme un enfant qui vient de naître. Je sautai et louai Dieu, répétant : « Seigneur Jésus, tu es mort pour moi ! Tu es mort pour moi ! ». Une paix, jamais connue jusqu'alors, emplissait mon cœur.

Et, pendant que je louais ainsi Dieu, j'eus le désir de revoir mon Sauveur. Je retombai à genoux : le Seigneur était encore là, me regardant avec cet amour qui est plus fort que toute puissance existant dans l'univers.

« J'ai l'assurance que ni la mort, ni la vie, ni les anges, ni les dominations, ni les choses présentes, ni les choses à venir, ni les puissances, ni la hauteur, ni la profondeur, ni aucune autre créature ne pourra nous séparer de l'amour de Dieu manifesté en Jésus-Christ notre Seigneur ». (Epître de Paul aux Romains, chapitre 8, versets 38 et 39). Ainsi décrit Saul de Tarse l'amour qu'il a connu, lorsque Jésus lui est apparu sur le chemin qui mène à Damas, et entendu de sa bouche ces paroles : « Je suis Jésus de Nazareth que tu persécutes ». Des yeux de Saul tombèrent comme des écailles, et il vit la gloire du Messie. C'est l'expérience, plus ou moins forte, de tout pécheur qui trouve ce Sauveur, Jésus de Nazareth.

Avant cette merveilleuse rencontre avec le Seigneur, j'avais essayé à plusieurs reprises de lire les lettres de Paul aux croyants, et particulièrement celle écrite aux chrétiens à Rome. J'avais dû arrêter, car je ne les comprenais pas. Mais quand Jésus devint mon Sauveur, je relus d'une seule traite la longue épître de Paul aux Romains. Je m'y voyais personnellement : c'était également mon expérience. Quelle joie cela me procurait !

J'étais véritablement devenu une nouvelle créature. Mes camarades de service ne me reconnaissaient pas. Le Seigneur habitait dans mon cœur.

Pendant des semaines après cette vision, il me semblait ne pas vivre sur cette terre, mais avec mon Sauveur dans le ciel. Quand je me trouvais à table avec les autres soldats, je pensais à cette Parole de Jésus : « Mon Père vous donne le vrai Pain du ciel, car le Pain de Dieu, c'est celui qui descend du ciel et qui donne la vie au monde. Je suis le Pain de Vie ». Je faisais l'expérience des premiers chrétiens juifs à Jérusalem, desquels il est écrit : « Ils rompaient le pain dans les maisons, et prenaient leur nourriture avec joie et simplicité de cœur, louant Dieu et trouvant grâce auprès de tout le peuple ».

Je me trouvais dans un milieu pour qui la débauche et la sexualité étaient choses naturelles, et je pouvais me rendre compte de la puissance de Dieu qui me gardait et me rendait plus que vainqueur sur ces péchés, au point de devenir son instrument pour sauver d'autres soldats. Quelques-uns venaient vers moi et m'ouvraient leur cœur. Je pouvais leur dire que Jésus est mort pour les sauver, et certains l'ont accepté. Ainsi, bientôt nous fûmes un petit groupe qui se rencontrait pour prier et méditer la Bible. J'étais vraiment heureux et profondément reconnaissant de ce que Dieu daignait m'employer à conduire des hommes des ténèbres à son admirable lumière et de la puissance de Satan à Dieu.

***

Ma compagnie vint hiverner à Meknès. Je me doutai qu'il devait se trouver des missionnaires dans cette grande ville. Je me mis à leur recherche, et bientôt je les découvris. Ils prêchaient la Bonne Nouvelle du Messie aux Arabes. Dès notre première rencontre, une affection fraternelle nous unit, comme si nous nous étions connus de longue date. Je trouvai là, la douceur de la communion entre vrais croyants au Messie, qu'ils soient juifs ou non. « Voici, qu'il est doux, qu'il est agréable pour des frères de demeurer ensemble... Car c'est là que l'Eternel envoie la bénédiction ». (Psaume 133).

Je commençai à réunir des légionnaires dans leur grande maison. Il en venait tant, que parfois nous n'avions pas assez de place pour les recevoir tous.

***

Après une heureuse année dans cette ville, où je pouvais voir très souvent ces chers amis, ma compagnie m'envoya en Algérie. Mais quelque temps après, je reçus d'eux une lettre m'invitant à revenir, après ma libération, pour travailler ensemble dans l'œuvre de Dieu. Je vis là la main de Dieu mon Père Céleste.

Le jour de ma libération arriva enfin. La porte qui s'était refermée sur moi cinq ans auparavant, s'ouvrit pour me laisser sortir. Dehors, deux directions s'offraient à moi : celle de la France où m'accueilleraient, bras ouverts, mon père, mes frères et sœurs, tous aisés et m'offrant une situation matérielle, et celle du Maroc où j'avais connu, en tant que soldat, tant de peines, et où j'allais, sans ressources, vers une existence inconnue, mais où m'attendait une vocation divine. Dieu me donna la force de résister à la tentation et de choisir le Maroc.

*

Dès mon arrivée à Meknès, chez mes amis, je me mis à étudier les langues pour pouvoir m'entendre avec les Juifs, les Arabes, les Français, sans oublier les légionnaires. J'étais impatient de communiquer à tous la Bonne Nouvelle du Sauveur. Je travaillai donc avec zèle et pus bientôt sortir pour prêcher dans la rue, dans les maisons et dans les synagogues. Cette activité me procurait une immense satisfaction. Il y a tant de bonheur à travailler pour la conversion des personnes à Dieu et à observer la transformation que l'Esprit de Dieu opère en elles !

En prenant contact avec les Arabes, je fus vraiment peiné d'apprendre ce qu'est l'Islam : tellement semblable à la Bible, et pourtant un gouffre les sépare. Mohamed, son fondateur, fait mention dans le Coran de presque tous les Prophètes. Mais on a l'impression qu'il s'en sert comme d'un tremplin pour s'élever au-dessus d'eux tous et finir par cette phrase, qui est la confession des Musulmans : « Il n'y a de Dieu que Dieu et Mohamed est son prophète ». Tous les autres Prophètes disparaissent. Je constatai également avec peine sa haine du

Peuple juif qui n'a pas voulu croire en lui en tant que prophète. (Les chrétiens d'ailleurs non plus). Il savait que Dieu avait puni Israël à cause de sa désobéissance et il donne libre cours à son indignation contre ce Peuple, en le condamnant à une éternelle malédiction, contrairement aux Prophètes de la Bible, qui tous, sans exception, prédisent le retour d'Israël dans son pays et à son Dieu, pour être réintégré dans toutes les bénédictions qui lui ont été accordées. Quant à Jésus, le Coran ne fait de lui qu'une caricature. Une profonde tristesse me saisissait quand je m'entretenais avec les Arabes. Persuadés qu'eux seuls possèdent la Parole de Dieu, ils manifestent de l'orgueil et l'ignorance de la Bible. Penser que Satan ait pu séduire tant de millions d'êtres !! Je ne pouvais m'empêcher de me dire que c'est parce que Juifs et chrétiens n'ont pas su garder le dépôt que Dieu leur a confié : le pur enseignement de la Bible. Les Juifs y ont ajouté le Talmud, les Catholiques la tradition, et, pendant que les uns et les autres s'endormaient sur les paroles des hommes, « l'ennemi vint et sema de l'ivraie parmi le froment et s'en alla ». L'Islam est l'ivraie, tandis que le froment, c'est la Bible, l'Ancien et le Nouveau Testament.

Cependant, des Musulmans, à Meknès et ailleurs, crurent à la vérité, tel ce jeune Arabe qui, troublé par ce qu'il entendait de la bouche des missionnaires, alla consulter des rabbins pour leur demander : « Qui est votre Messie ? Est-il un homme ou est-il Dieu ? ». Bien sûr, ils ne purent lui donner des renseignements précis, ignorants qu'ils étaient de ce que dit Dieu dans la Bible en ce qui concerne le Messie. Mais désireux, de connaître la vérité, il se mit à sonder les Ecritures, et le Saint-Esprit lui révéla au travers d'elles, le Fils de Dieu, et l'Agneau qui porte le péché du monde. Malgré toutes les persécutions qu'il eut à subir, il resta fermement attaché au Sauveur qu'il avait trouvé dans la Loi de Moïse et dans les Prophètes.

Parmi les Juifs aussi, il y en a eu qui se sont tournés vers Jésus. Certains durent même quitter leurs familles à cause de leur foi.

***

Quelques années s'écoulèrent. Le Seigneur me donna une compagne croyante. Nous sommes restés en tout trente ans au Maroc. Puis Dieu nous appela à continuer le témoignage à son Nom à Paris.

Nous avons la joie de voir déjà deux de nos enfants le servir, avec leur famille. Le Seigneur est fidèle à sa promesse : « Crois au Seigneur Jésus et tu seras sauvé, toi et ta famille ». (Actes des Apôtres, ch. 16, v. 31).

***

Hélas ! Depuis des siècles, le verdict du Peuple juif demeure inchangé à l'égard de ses fils et filles qui osent se mettre du côté de Jésus de Nazareth en l'acclamant comme Messie d'Israël. « Vous êtes des meschoumeds ! Votre place n'est pas parmi nous ! »

Ce jugement, si sévère qu'il soit, n'a cependant pas empêché qu'à chaque génération, depuis la venue de Jésus jusqu'à nos jours, des Juifs ont découvert en lui, celui de qui Moïse dans la Loi, et les Prophètes ont parlé. Et de nos jours, leur nombre s'accroît, surtout parmi la jeunesse qui, par la foi en Jésus, a retrouvé notre riche héritage spirituel.

Les signes des temps se multiplient, indiquant que le retour du ciel de Jésus est proche. Nous vivons des moments graves. Combien nous aimerions voir notre Peuple se réveiller à la repentance et retourner à l'Eternel, et au Messie Fils de David, Fils de Dieu, avant que le temps vienne, celui dont les Prophètes disent : « Malheur, car ce jour est grand. Il n'y en a point eu de semblable. C'est un temps d'angoisse pour Jacob. Mais il en sera délivré ! » (Jérémie ch. 30, v. 7).

Oui, « il en sera délivré ». Mais combien périront et ne verront pas la délivrance !!

TABLE DES MATIÈRES

	Page
Préface	5
Introduction	7
Les Juifs et Mahomet	10
Vains efforts de Mahomet pour gagner les Juifs	12
Israël privé du droit d'existence	15
Voici un Peuple	20
Le mystérieux Islam	23
L'Islam religion suprême	26
Divergence entre le Coran et la Bible	30
Les Juifs en Arabie à l'époque de Mahomet	32
Citations du Coran comparées à la Bible	38 à 92
Triste fin de dialogue entre Mahomet et les Juifs	93
Moïse dans le Coran	94 à 128
Conclusion	129
Principales divergences entre les récits bibliques et les récits coraniques	130
Trois questions essentielles à propos de l'Islam	131
Le dilemme Israël-Ismaël	143
Autobiographie de l'auteur	148

CITATIONS DU CORAN COMPARÉES A LA BIBLE 38

Du verset 38 au 41 : Exhortation aux Juifs à ne rejeter ni la Bible ni le Coran 38
v. 44 à 46 : Les Juifs, Peuple Elu 38
v. 47 : Traversée de la Mer Rouge 39
v. 48 et 49 : Moïse sur le Mont Sinaï. Le veau d'or 39
v. 50 : Don de la Loi 39
v. 51 : Péché du veau d'or 40
v. 52 : Le peuple désire voir Dieu pour s'en convaincre 40
v. 54 : La nuée, la manne et les cailles 41
v. 55 et 56 : Les Juifs refusent d'entrer au pays de Canaan 41
v. 57 : Moïse frappe le rocher à Horeb. Il en jaillit 12 Sources 42

Chapitre v. 58 : Le peuple murmure dans le désert 42
v. 60 : Don de la Loi sur le Mont Sinaï 43
2 v. 61 : Une partie des Juifs transformés en singes 43
v. 63 : La vache rousse 43
du Coran v. 69 : Cœurs de pierre 45
v. 70 : Les Juifs accusés d'avoir falsifié les Saintes Ecritures 45
v. 71 : Les Juifs accusés d'hypocrisie 45
v. 73 à 79 : La Bible falsifiée 46
v. 81 : Les Juifs rejettent les prophètes 47
v. 82 : Dieu a maudit les Juifs 47
v. 83 : Dieu envoie le Coran aux Juifs 48
v. 84 à 86 : Les Juifs rejettent le Coran par jalousie 48
v. 87 : Au Mont Sinaï, les Juifs déclarent : nous n'obéirons pas 49
v. 88 et 89 : Mahomet conteste le paradis au peuple juif 49
v. 90 : Les Juifs accusés de préférer la vie terrestre 49
v. 105 : L'entrée du paradis contestée également aux chrétiens 50
v. 107 : Juifs, chrétiens et gentils s'accusent mutuellement d'ignorance 50
v. 129 : Seule solution à leurs différents : l'Islam 50
v. 130 : Credo de l'Islam 50
v. 134 à 141 : Les Patriarches n'étaient pas juifs 51
v. 17 : L'Islam, seule religion 51
v. 29 : Aimer Dieu et suivre Mahomet. Pardon des péchés 52
v. 57 : Unité de religion 52
v. 58 à 60 : Abraham n'était ni juif, ni chrétien 52
v. 61 et 62 : Seuls Mahomet et les Musulmans sont les imitateurs d'Abraham 53
v. 63 à 64 : Pourquoi vous, Juifs et chrétiens, ne croyez-vous pas en moi ? 54
v. 65 : Mahomet reproche aux Juifs leur ruse 54
Chapitre v. 68 : Il y a aussi des bons parmi les Juifs 54
v. 73 et 74 : Aucun envoyé de Dieu n'a le droit d'être adoré 55
3 v. 93 : Pourquoi ne croyez-vous pas au prophète ? 56
v. 94 : Les Juifs combattent l'Islam 56
du Coran v. 106 : Les musulmans désormais « peuple élu » 56
v. 107 : « Les Juifs fuiront devant vous » 56
v. 108 : Les Juifs maudits à moins qu'ils n'acceptent l'Islam 57
v. 109 : Il y a aussi des bons parmi « les gens du Livre » 57
v. 115 : Colère contre les Juifs 57
v. 116 : La haine des Juifs semée dans les cœurs des musulmans .. 58
v. 179 : Discussions animées entre Mahomet et les Juifs 58
v. 184 : Les Juifs n'ont pas fait connaître la Torah aux nations 59
v. 198 : Quelques Juifs et quelques chrétiens ont cru en l'apostolat de Mahomet 59

v. 47 et 48 : Mahomet inspire la haine des Juifs à ses disciples 59
v. 49 : Les Juifs maudits par Dieu 60

		Page
	v. 50 : Les Juifs transformés en singes	60
	v. 54 : Les Juifs croient à la magie	61
	v. 55 : ...et sont maudits	61
	v. 56 : Les Juifs, avares, exclus du royaume de Dieu	61
Chapitre	v. 58 : Le feu de la géhenne attend ceux qui ne croient pas au prophète	61
	v. 149 : Pas de différence entre les prophètes et Mahomet	62
4	v. 152 : Reproches aux Juifs	62
du Coran	v. 153 : Israël, le peuple de l'alliance	63
	v. 154 : Les Juifs s'accusent eux-mêmes : « nos cœurs sont incirconcis	63
	v. 155 : Ce n'est pas Jésus qui fut crucifié mais un autre semblable à lui	63
	v. 158 : Les Juifs désormais privés des grâces divines	65
	v. 159 : Mahomet annonce aux Juifs de terribles châtiments	65
	v. 160 : La clémence divine pour les Juifs qui accepteraient l'Islam	65
	v. 161 : Mahomet, et même Ismaël, parmi les prophètes	65

	v. 7 : Vous pouvez épouser des filles juives	66
	v. 10 : Dieu contracta une alliance avec les musulmans	66
	v. 15 : L'alliance entre Dieu et Israël, selon Mahomet	66
	v. 16 : Aie (o Mahomet), pour eux (les Juifs) de l'Indulgence	67
	v. 17 : Mahomet reproche aux chrétiens leurs divisions	68
Chapitre	v. 18 : L'Islam et le Coran, lumière du monde	68
	v. 19 : Jésus n'est pas Dieu	68
5	v. 21 : Mahomet s'oppose au terme « enfants de Dieu »	69
du Coran	v. 22 : Pas d'arrêt dans l'envoi des prophètes. L'un d'eux, Mahomet, est au milieu de vous	69
	v. 23 : Election divine du peuple juif	70
	v. 24 : Entrez dans la terre sainte (vous les Juifs)	70
	v 45 : Les Juifs ont altéré la Parole de Dieu	71
	v. 46* : Les Juifs aiment le mensonge	71
	v. 47 : Les Juifs flottent dans le doute et ne croient pas	71
	v. 48 Les rabbins et les docteurs ont reçu la garde du livre de Dieu, la Torah	72
	v. 52 : La supériorité du Coran	72
	v. 56 : Le musulman ne doit avoir de relations ni avec les Juifs ni avec les chrétiens	72
	v. 64 : « Gens du Livre » vous êtes des pervers	72
	v. 65 : Juifs transformés en singes et en porcs	73
	v. 66 : Les Juifs sont des hypocrites	73
	v. 67 : Sévères reproches	73
	v. 68 : ...contre les rabbins et les docteurs	73
	v. 69 : Malédiction sur malédiction à l'adresse des Juifs	74
	v 70 : Les Juifs sont des impies	74
	v. 72 : Les Juifs et les chrétiens sont sans fondement	74
	v. 73 : Toutes les religions sont bonnes	75
	v. 74 : Les Juifs ont rejeté et tué les prophètes	75
	v. 75 : Les Juifs devenus sourds et aveugles	76
	v. 82 : Les Juifs incrédules auraient été maudits par David et Jésus	76
	v. 83 : Ils seront précipités dans les tourments éternels	76
	v. 85 : Les chrétiens sont un peu meilleurs que les Juifs	77
	v. 88 : Ces chrétiens favorables à Mahomet, habiteront le paradis	77

	v. 84 : Les prophètes illustres d'Israël	78
	v. 88 : Parmi ces prophètes, Ismaël et Lot	78
Chapitre		
6	v. 89 à 91 : Si les Juifs méprisent ces prophètes, une nation plus reconnaissante les déshéritera	78
du Coran	v. 147 : Les aliments défendus par Dieu aux Juifs	79

		Page
	v. 155 : La perfection du Décalogue	79
	v. 156 : La perfection aussi du Coran	79
	v. 157 et 158 : Election des Musulmans	79
	v. 133 et 134 : Les enfants d'Israël récompensés de leurs souffrances	80
	v. 135 : Le veau d'or	80
	v 159 : De bons Juifs	81
	v. 160 : Ingratitude des Juifs	81
Chapitre	v. 161 : Habitez cette ville (le pays de Canaan)	82
7	v. 163 : La fable d'Ellat, sur le golfe d'Akaba	82
du Coran	v. 164 : « Laissez les méchants... » (les Juifs)	82
	v. 165 : Nouveau rappel des péchés d'Israël	83
	v. 166 : Juifs transformés en singes	83
	v. 167 : Des Juifs dispersés sur la terre, quelques-uns ont conservé la justice	83
	v 170 : Le peuple Juif rassemblé au Sinaï	83
Ch. 9	v. 29 : La guerre sainte	84
Ch. 16	v. 125 : Le sabat est pour les Juifs	84
Chapitre 17 du Coran	v. 4 : Deux péchés furent la cause de la destruction des premier et deuxième temples	85
	v. 6 : Retour de la captivité de Babylone	86
Ch. 26	v. 57 : Sortie des enfants d'Israël du pays d'Egypte	87
Ch. 33	v. 26 : La guerre sainte	87
Ch. 41	v. 45 : Les Juifs douteraient même du Pentateuque	87
Ch. 44	v. 29 à 32 : Les grâces de l'Eternel sont sur son peuple	88
Ch. 45	v. 15 et 16 : Mais Ils ont refusé l'Islam	88
Ch. 57	v. 26 : Noé et Abraham	89
Chapitre 58 du Coran	v. 15 : Hommes (juifs) frappés de la colère divine	89
	v. 16 : Dieu prépare aux Juifs un dur châtiment	89
	v. 17 et 18 : Suite des imprécations contre les Juifs	89
	v. 19 : Les Juifs, des menteurs	90
	v. 20 : Ils sont voués à la réprobation dans ce monde et dans le monde à venir	90
	v. 21 : Guerre sainte contre les Juifs et victoire assurée par Dieu	90
Chapitre 59 du Coran	v. 2 : Défaite de la tribu juive « Banoun-Nadir », An 4 de l'Hégire	90
	v. 3 : Mahomet laisse les Juifs en vie, mais leur prédit le supplice de la géhenne	91
	v. 4 : Les Juifs se sont opposés à Allah et à son apôtre	91
	v. 5 à 17 : Permission de couper les palmiers	91
	Triste fin du dialogue entre Mahomet et les Juifs	93

MOISE DANS LE CORAN 94

	v. 101 et 102 : Moïse chez Pharaon	96
	v. 103 : Discours de Moïse devant Pharaon, d'après le Coran	96
	v. 104 à 107 : Moïse opère des miracles	97
	v. 108 et 109 : Pharaon envoie chercher les magiciens	97
	v. 110 à 115 : Les mages exigent une récompense	97

		Page
	v. 116 à 119 : Les mages, convaincus, se sont convertis au Dieu de Moïse et d'Aaron	98
	v. 120 à 123 : Conversation orageuse entre les magiciens et Pharaon	98
	v. 124 : Ordre de faire mourir les enfants mâles des Juifs	99
	v. 125 : Moïse aux Juifs : « Implorez le secours du ciel »	99
Chapitre	v. 126 : Moïse promet le pays aux Hébreux	99
7	v. 127 et 129 : Dieu punit l'Egypte avec sept années de famine	100
	v. 130 : Cinq plaies	100
du Coran	v. 132 : Les Egyptiens engloutis dans la mer	101
	v. 138 : Moïse sur le Mont Sinaï	101
	v. 142 : Les tables de la Loi	102
	v. 146 : Le veau d'or mugissait	102
	v. 148 : Le veau d'or renversé	103
	v. 149 : Moïse saisit Aaron par la tête	103
	v. 150 : Moïse prie pour lui-même et pour Aaron	104
	v. 153 : D'après le Coran, Moïse reprit les deux mêmes tables de pierre	105
	v. 154 : Les 78 anciens engloutis par un tremblement de terre	106
	v. 156 : Mahomet introduit sa personne et sa mission dans le récit sur Moïse et les enfants d'Israël	107

	v. 87 : Moïse prie Dieu d'écarter de sa loi les Egyptiens	108
Chapitre	v. 88 : Les Juifs en Egypte devaient prier la face tournée vers la Mecque	107
10	v. 90 : Fable concernant le corps de Pharaon	108
du Coran	v. 93 : Dieu jugera les Juifs pour avoir refusé « la lumière » en Mahomet et le Coran	109
	v. 94 : Dieu ordonne à Mahomet d'interroger les Juifs	109

Chap. 11	v. 99 à 101 : 3e répétition de l'histoire de Moïse et d'Aaron	109

Chapitre	v. 103 et 104 : 4e répétition de l'histoire de Moïse et d'Aaron	109
17	v. 105 : Pharaon voulut chasser les Juifs d'Egypte et en fut puni	110
du Coran	v. 106 : Habitez la terre	110

Chap. 18	5e répétition de l'histoire de Moïse et d'Aaron	110
du Coran	v. 61 à 81 : ces versets se passent de commentaire	111

Chap. 19	v. 52 à 54 : 6e répétition de l'histoire de Moïse et d'Aaron	114

	v. 8 : 7e répétition de l'histoire de Moïse et d'Aaron	114
	v. 9 à 17 : Récit peu conforme à celui de la Bible	114
	v. 37 à 41 : Moïse enfant sauvé dans un panier	115
Chapitre	v. 85 à 87 : Moïse désapprouvé de Dieu pour sa hâte d'aller vers lui sur la montagne	115
20 du Coran	v. 87 : « Sameri » ou « Samaritain » dans le récit sur Moïse	116
	v. 96 : Une poignée de poussière prise sous le pied du cheval de Gabriel donna la vie au veau d'or	117
	v. 99 : Mahomet reçut ces contes directement de Dieu	118

Chap. 21 du Coran	8e répétition de l'histoire de Moïse et d'Aaron	118

Chap. 23	9e répétition de l'histoire de Moïse et d'Aaron	118

Chap. 25	10e répétition de l'histoire de Moïse et d'Aaron	119
du Coran	v. 38 : Les Egyptiens nient l'Islam	119

Chap. 26	v. 9 à 66 : 11e répétition de l'histoire de Moïse et d'Aaron	119

			Page
Chap. 27	v. 7 à 9 : 12e répétition de l'histoire de Moïse et d'Aaron		119

Chapitre 28 du Coran — 13e répétition de l'histoire de Moïse et d'Aaron 120
    v. 5 : Haman, du livre d'Esther, introduit par Mahomet dans le récit sur Moïse 120

    14e répétition de l'histoire de Moïse et d'Aaron 121
    v. 11 : Le bébé Moïse refuse le lait des nourrices égyptiennes 121
    v. 38 : Haman construit une tour pour permettre à Pharaon de monter vers Dieu 121
    v. 52 : Certains Juifs et certains chrétiens croiraient au Coran 123
    v. 53 : Ils étaient musulmans avant la venue de Mahomet 123
    v. 55 : Juifs et chrétiens finiront par devenir musulmans 123
    v. 76 : La révolte de Koré 124

Chap. 29   v. 38 : Koré, Pharaon et Haman disparus de la terre 125

    15e répétition de l'histoire de Moïse et d'Aaron 125
    v. 23 : Mahomet reçoit la promesse de rencontrer Moïse dans le ciel 125

Chapitre 32 v. 24 : Les Juifs deviendront musulmans 125

Chap. 37   16e répétition de l'histoire de Moïse et d'Aaron 126

Chapitre 40 du Coran — 17e répétition de l'histoire de Moïse et d'Aaron 126
    v. 24 et suivants : Moïse prêche la Parole de Dieu devant Pharaon Haman et Koré 126

Chap. 43   18e répétition de l'histoire de Moïse et d'Aaron 127

Chap. 66   Histoire de la femme de Pharaon 127

Chap. 79   19e et dernière répétition de l'histoire de Moïse et d'Aaron 128

CONCLUSION 129

BIBLIOGRAPHIE

The Holy Qur'an. (Arabic text, translation and commentary by Maulana Muhammad Ali). (Ahmadiyyah Anjuman Isha'At Islam, Lahore Pakistan - 1951).

The Korân. (Translated into English from the original Arabic by George Sale & a preliminary discourse by George Sale).

Le Coran. (Traduit de l'Arabe par M. Savary & La Vie de Mahomet par M. Savary).

Le Saint Coran. (Traduction et introduction par Muhammad Hamidullah).

Le Coran. (Traduction intégrale par Edouard Montet. Petite bibliothèque Payot).

Le Coran. (Traduit de l'Arabe par Régis Blachère. G.P. Maisonneuve et Larose, Editeurs, Paris).

Der Koran. (Nach der übertragung von Ludwig Ullmann. Wilhelin Goldmann Verlag. München).

L'Islam. (de V. Monteil. Bloud & Gay. Paris 1963).

La Bible. (Texte original Hébreu).

La Bible. (Traduction Darby).

La Bible. (Traduction Louis Segond).